O Pai-nosso
A oração da libertação integral

Dados Internacionais de Catalogação na Publicação (CIP)
(Câmara Brasileira do Livro, SP, Brasil)

Boff, Leonardo

O Pai-nosso: a oração da libertação integral / Leonardo Boff. 13. ed. – Petrópolis, RJ: Vozes, 2013.

ISBN 978-85-326-0506-1

1. Pai-nosso 2. Pai-nosso – Meditações I. Título.

08-00461   CDD-242.722

Índices para catálogo sistemático:

1. Pai-nosso: Orações bíblicas: Cristianismo
242.722

Leonardo Boff

O Pai-nosso
A oração da libertação integral

Petrópolis

© by Animus / Anima Produções Ltda., 2003
Caixa Postal 92.144 – Itaipava
25.750-970 Petrópolis, RJ

Direitos de publicação em língua portuguesa:
1979, Editora Vozes Ltda.
Rua Frei Luís, 100
25689-900 Petrópolis, RJ
Internet: http://www.vozes.com.br
Brasil

Assessoria Jurídica e Agenciamento Literário:
Cristiano Monteiro de Miranda
(21) 9385-5335
cristianomiranda@leonardoboff.com

Todos os direitos reservados. Nenhuma parte desta obra poderá ser reproduzida ou transmitida por qualquer forma e/ou quaisquer meios (eletrônico ou mecânico, incluindo fotocópia e gravação) ou arquivada em qualquer sistema ou banco de dados sem permissão escrita da Editora.

Diretor editorial
Frei Antônio Moser

Editores
Aline dos Santos Carneiro
José Maria da Silva
Lídio Peretti
Marilac Loraine Oleniki

Secretário executivo
João Batista Kreuch

Projeto gráfico: AG.SR Desenv. Gráfico
Capa: Adriana Miranda

ISBN 978-85-326-0506-1

Editado conforme o novo acordo ortográfico.

Este livro foi composto e impresso pela Editora Vozes Ltda.

Ao Waldemar, meu irmão,
e à Maria da Paz e Regina:
por tê-las feito suas filhas,
para além dos laços de sangue,
na força do amor do Pai.

Sumário

Prefácio, 11

I. *A oração da libertação integral*, 13

   1. A lei da encarnação, 14

   2. Nem teologismo nem secularismo, 15

   3. O Pai-nosso: a correta articulação, 17

II. *Quando tem sentido rezar o Pai-nosso*, 23

   1. As veias abertas: o mundo geme (Rm 8,22), 25

   2. Infeliz de mim! Quem me livrará...? (Rm 7,24), 26

   3. O mundo aguarda ansiosamente... (Rm 8,19), 26

   4. Para os que moravam nas trevas da morte, levantou-se uma luz (Mt 4,16), 31

   5. Animados por Jesus e pelo Espírito, ousamos dizer: Pai nosso! (Gl 4,5), 33

III. *Pai nosso que estais no céu*, 41

   1. A universalidade da experiência de Deus Pai, 44

   2. A originalidade da experiência de Jesus: *Abba*, 50

3. Deus Pai próximo e distante, 53

4. Como rezar o Pai-nosso num mundo sem pai?, 56

IV. *Santificado seja o vosso nome*, 67

1. O grito de uma súplica, 69

2. O significado dos termos "santificar" e "nome", 71

3. O que quer dizer a petição: santificação libertadora, 76

V. *Venha a nós o vosso Reino*, 83

1. O que é o mais grandioso e radical no ser humano?, 84

2. Felizes os olhos que veem o que vós vedes! (Lc 10,23), 89

3. O Reino continua vindo, 93

VI. *Seja feita a vossa vontade...*, 97

1. Qual é a vontade de Deus?, 98

2. Assim na terra como no céu, 108

VII. *O pão nosso de cada dia nos dai hoje*, 111

1. O pão: a dimensão divina da matéria, 113

2. Nosso: o pão que traz a felicidade, 115

3. De cada dia: o pão necessário para o tempo e para a eternidade, 118

4. Dai-nos hoje: o trabalho e a Providência, 125

5. Conclusão: a santidade do pão, 127

VIII. *Perdoai-nos as nossas ofensas*, 129

1. A experiência da ofensa e da dívida, 130

2. Perdoai-nos as nossas ofensas, 134

3. Assim como nós perdoamos, 139

IX. *E não nos deixeis cair em tentação*, 143

   1. O homem: um ser tentável, 144

   2. O homem: um ser lábil, 148

   3. Também tentado, Jesus pode ajudar os tentados, 152

   4. Da grande tentação, livrai-nos, Senhor!, 155

X. *Mas livrai-nos do mal*, 157

   1. A situação de maldade, 158

   2. Corporificações da maldade, 161

   3. Jesus e a vitória sobre o mal, 166

   4. O derradeiro grito humano: livrai-nos, Pai!, 169

XI. *Amém*, 173

Bibliografia, 177

Livros de Leonardo Boff, 181

 Prefácio

Com toda a simplicidade queremos fazer a seguinte pergunta: O que Jesus quis quando apareceu neste mundo e começou a pregar pelos caminhos da Palestina? Qual é o seu projeto fundamental? Poderíamos fazer um pequeno resumo de sua mensagem, compreensível a todos?

O Pai-nosso é exatamente a resposta a estas indagações. Quando os apóstolos pedem a Jesus: "Senhor, ensina-nos a rezar", *não* estavam querendo aprender a rezar. Se há alguma coisa que todo judeu sabe é rezar. A pergunta representa um modismo da língua hebraica para dizer: "Senhor, dê um pequeno resumo de sua mensagem!"

E Jesus deu-nos o Pai-nosso, esse pequeno resumo em forma de oração. Curiosamente, nesse resumo Ele não fala de si mesmo nem do valor de sua morte e ressurreição, nem se refere à Igreja e aos sacramentos, realidades que para nós, hoje, são fundamentais.

Jesus se concentrou naquilo que é verdadeiramente essencial: Deus, nosso Pai querido, seu Reino, sua vontade. O pão necessário para a vida, as rupturas entre as pessoas que devem se perdoar reciprocamente, o risco de se perder e a libertação do mal absoluto.

Dois são os movimentos: um que sobe para o Pai e seu Reino, e o outro que desce e se abre para as realidades humanas do cotidiano como o pão nosso, a necessidade de reatar os laços rompidos e, finalmente, ter que resistir às tentações que podem nos levar ao caminho do mal. Nessa oração está toda a grandeza e também todo o drama humano, assumidos na mensagem de Jesus.

Há os que somente se concentram no Pai e no Reino, dançam e cantam sua bondade e se sentem filhos e filhas de Deus. Há outros que tudo reduzem ao pão nosso e aos conflitos sociais que devem ser resolvidos; engajam-se socialmente e buscam uma convivência sem ofensas e perigos mortais.

Ambos separam o que Jesus manteve unido. Só quem une o *Pai-nosso* com o *pão nosso* pode dizer Amém. Por isso, devemos manter sempre a visão unitária de Jesus, que articula o Céu com a Terra, o Reino com a história, e o Pai com o pão. Essa é a perfeita evangelização e também a salvação trazida e querida por Jesus.

Por isso, podemos dizer que o Pai-nosso é a oração da libertação integral porque resume a mensagem essencial de Jesus para a contraditória condição humana.

Leonardo Boff
Petrópolis, Páscoa de 2009.

I
A oração da libertação integral

Disse um mestre do espírito:
"Se eu falto ao amor ou se falto à justiça, afasto-me
infalivelmente de vós, ó meu Deus, e meu culto não é mais que idolatria.
Para crer em vós, preciso crer no amor e crer na justiça, e vale muito mais crer nestas coisas que pronunciar vosso nome.
Fora do amor e da justiça é impossível que eu alguma
vez vos possa encontrar.
Mas aqueles que tomam o amor e a justiça por guia
estão no caminho verdadeiro que os conduzirá
até vós".

A encarnação não constitui apenas um dos mistérios axiais da fé cristã; abre também uma nova forma de se compreender a realidade, pois a encarnação significa a mútua presença do divino e do humano, a interpenetração do histórico com o eterno. Cada uma destas dimensões conserva sua identidade própria e, ao mesmo tempo, entra na composição de uma outra e nova realidade. Jesus Cristo, homem e Deus simultaneamente, constitui a realidade de encarnação paradigmática e suprema. Para se compreender a novidade desta realidade não são suficientes as categorias transcendência e imanência, chaves do pensamento grego. Elas colhem o momento de diferença de cada uma destas dimensões – o humano não é o divino e o divino não é o humano – mas não conseguem dar a razão da coexistência e da mútua inclusão de ambas num único e mesmo ser. Faz-se necessário o auxílio de uma categoria diferente, a transparência. Ela quer traduzir a presença da transcendência dentro da imanência, fazendo que uma fique transparente à outra. O humano é o lugar de realização do divino; este transfigura aquele. O importante reside no fato de que emerge uma nova realidade, una e tensa, porque composta de duas outras, de natureza diferente[1].

1. A lei da encarnação

O cristianismo se entende como prolongamento do processo encarnatório de Deus. Como o Filho que tudo assumiu para tudo libertar, assim a fé visa se encarnar em tudo para transfigurar tudo. É neste sentido que dizemos: tudo, de certa forma, pertence ao Reino de Deus porque tudo está objetivamente ligado a Deus e é chamado a pertencer à realidade de seu reino. Por conseguinte, a fé não se interessa tão somente pelas realidades ditas espirituais e sobrenaturais. Ela valoriza também aquelas materiais e históricas. Todas elas pertencem ao mesmo e único projeto en-

---

1. Um aprofundamento mais minucioso desta questão pode se encontrar em BOFF, L. O pensar sacramental, sua estrutura e articulação. In: *Revista Eclesiástica Brasileira* 35 (1975), p. 615-640.

carnatório segundo o qual o divino penetra o humano e o humano entra no divino.

Em função desta compreensão, a comunidade cristã se compromete pela libertação integral do homem e não apenas de sua dimensão espiritual. Também a corporalidade (em seu sentido pleno implica a dimensão infraestrutural econômica, social, política e cultural) está vocacionada à absoluta realização em Deus e a compor o Reino do Pai. Por causa disto, a comunidade cristã, sobretudo a partir dos últimos anos, se comprometeu mais e mais com a libertação dos oprimidos, daqueles condenados "a ficarem à margem da vida com fome, enfermidades crônicas, analfabetismo, empobrecimento..." A Igreja, proclamou-o o Papa Paulo VI e o reassumiu Puebla, "tem o dever de anunciar a libertação de milhões de seres humanos, entre os quais há muitos filhos seus; o dever de ajudar a nascer esta libertação, de dar testemunho da mesma, de fazer que seja total. Nada disto é estranho à evangelização" (Puebla, 26; EN 30). E se engaja nesta tarefa temporal porque está consciente de que este temporal vem pervadido de graça e de realidades que pertencem ao Reino de Deus. Elas ficam transparentes e sacramentais. Com razão cantava o poeta: "Varredor que varres as ruas, tu varres o Reino dos Céus" (D. Marcos Barbosa).

2. Nem teologismo nem secularismo

Há dois perigos que importa evitar, sobre os quais tanto o Papa Paulo VI na *Evangelii Nuntiandi* (1975) quanto os bispos em Puebla (1979) nos chamaram a atenção. O primeiro é o reducionismo religioso (teologismo): limita-se a ação da fé e da Igreja ao campo estritamente religioso, ao culto, à piedade e à doutrina. O Papa Paulo VI foi claro ao sustentar que "a Igreja não admite circunscrever a sua missão apenas ao campo religioso, como se desinteressasse dos problemas temporais do homem" (EN 34). Puebla expressou-se de forma ainda mais contundente: "O cristianismo deve evangelizar a totalidade da existência humana, inclusive a dimensão política. Por isso a Igreja critica aqueles que tendem a reduzir o espaço da fé à vida pessoal ou familiar, excluindo a ordem profissional, econômica, social e política, como se o pecado, o amor, a oração e o perdão não tivessem importância aí" (n. 515). O que se enfatiza é a necessidade de se compreender adequadamente o cristianismo, não como uma região da realidade (o campo religioso), mas precisamente como um processo de encarnação de toda a realidade para redimi-la e fazê-la matéria do Reino de Deus. Importa que a fé seja verdadeira e salvífica. E ela é salvífica e, por isso, verdadeira, quando se faz amor. E o amor que nos faz apropriar a salvação não é uma teoria, é uma prática. Somente a fé que passa pela prática do amor é digna deste nome. Portanto, faz-se mister articular a fé com as demais realidades da vida.

O segundo perigo é o reducionismo político (secularismo): restringe-se a importância da fé e da Igreja ao espaço estritamente político. Sua missão seria reduzida "às dimensões de um projeto simplesmente temporal; os seus objetivos a uma visão antropocêntrica; a salvação, de que ela é mensageira e sacramento, a um bem-estar material; a sua atividade – esquecendo todas as preocupações espirituais e religiosas – a iniciativas de ordem política ou social" (EN 32; Puebla, 483). A fé possui uma dimensão voltada à sociedade, mas não se exaure nisto; seu olhar, em seu sentido originário, se orienta para a eternidade e daí contempla a atividade política e informa a ação social. Ela anuncia e sinaliza já dentro da história uma salvação que a história não pode produzir, uma libertação tão plena que gera a perfeita liberdade, mas que começa já agora aqui na Terra.

Estes dois reducionismos dilaceraram a transparência e a unidade do processo encarnatório. O que importa é superar este dualismo antitético e estabelecer uma correta articulação e um relacionamento adequado[2] entre a libertação humana e a salvação em Jesus Cristo (cf. EN 35; Puebla, 485):

A Igreja se esforça por inserir sempre a luta cristã em favor da libertação no desígnio global da salvação, que ela própria anuncia (EN 38; Puebla, 483).

O postulado da história e da fé consiste em buscar uma integral libertação que abarque todas as dimensões da vida humana corpo-espiritual, pessoal e coletiva, histórica e transcendente. Qualquer reducionismo, seja pelo lado do espírito seja pelo lado da matéria, não faz justiça à unidade do homem, ao único desígnio do Criador e à realidade central do anúncio de Jesus, o Reino de Deus, que abarca a totalidade da criação.

3. O Pai-nosso: a correta articulação

Na oração do Senhor encontramos, praticamente, a correta relação entre Deus e o homem, o Céu e a Terra, o religioso e o político, mantendo a unidade do mesmo processo. A primeira parte diz respeito à causa de Deus: o Pai, a santificação de seu Nome, seu Reino, sua Vontade santa. A segunda parte concerne à causa do homem: o pão necessário, o per-

---

2. Veja todo o livro que versa sobre esta questão: BOFF, L. & BOFF, Cl. *Da libertação* – O sentido das libertações sócio-históricas. Petrópolis: Vozes, 1979.

dão indispensável, a tentação sempre presente e o mal continuamente ameaçador. Ambas as partes constituem a mesma e única oração de Jesus. Deus não só se interessa pelo que é seu: o Nome, o Reino, a Vontade divina; Ele se preocupa também pelo que é do homem: o pão, o perdão, a tentação, o mal. Igualmente o homem, não só se prende ao que lhe importa: o pão, o perdão, a tentação e o mal; abre-se também ao que respeita ao Pai: a santificação de seu Nome, a chegada de seu Reino, a realização de sua Vontade.

Na oração de Jesus a causa de Deus não é alheia à causa do homem, e a causa do homem não é estranha à causa de Deus. O impulso com o qual o homem se ergue ao céu e suplica a Deus se verga também à terra e afeta as urgências terrestres. É o mesmo movimento dentro de uma profunda unidade. É exatamente esta mútua implicação que produz a transparência na oração do Senhor.

Aquilo que Deus uniu – a preocupação por Deus e a preocupação pelas nossas necessidades – ninguém poderá e deverá separar. Não se deverá nunca atraiçoar Deus por causa das precisões terrestres; mas também jamais será legítimo amaldiçoar as limitações da existência no mundo por causa da grandeza da realidade de Deus. Uma e outra constituem matéria de oração, de súplica e louvor. Por isso é que consideramos o Pai-nosso como a oração da libertação integral.

A realidade implicada no Pai-nosso não se apresenta rósea, mas extremamente conflitiva. Aí se enfrentam o Reino de Deus com o reino de satanás. O Pai está próximo (nosso), mas também longe (nos céus). Na boca dos homens há blasfêmias e por isso cumpre santificar o Nome de Deus. No mundo impera toda sorte de maldades que exasperam a ânsia pela vinda do Reino de Deus que é de justiça, amor e paz. A vontade de Deus é contrafeita e importa realizá-la em nossas práticas. Suplicamos o pão necessário porque muitos, do contrário, não o têm. Pedimos que Deus nos perdoe todas as rupturas da fraternidade porque senão não conseguimos perdoar a quem temos ofendido. Suplicamos força nas tentações, pois de outro modo caímos miseravelmente. Gritamos que nos liberte do mal porque, diversamente, apostatamos definitivamente. E apesar de toda esta conflitividade, perpassa na oração do Senhor toda uma aura de confiança alegre e de serena entrega, porque faz de tudo isto – integralmente – conteúdo de encontro com o Pai.

Se repararmos bem, o Pai-nosso tem a ver com as grandes questões da existência pessoal e social de todos os homens em todos os tempos. Nele não se faz referência à Igreja, nem sequer se fala de Jesus, de sua morte ou de sua ressurreição. O centro é ocupado por Deus articulado com o outro centro, que é o homem em suas necessidades. Nisso reside o essencial. Todo o resto é consequência ou comentário; é concedido junto com o essencial. "Pedi as coisas grandes e Deus vos dará as pequenas": eis uma palavra de Jesus transmitida fora dos evangelhos por Clemente de Alexandria (140-211)[3]. Ela conserva uma lição preciosa: importa abrir a mente para além de nosso pequeno horizonte e o coração para além de nossos limites. Então encontramos o essencial, tão bem traduzido por Jesus na oração que nos ensinou, o Pai-nosso.

A ordem das petições não é arbitrária. Começa-se por Deus e só em seguida se passa ao homem. É a partir de Deus, de sua ótica, que nos preocupamos com as nossas ne-

---

[3]. Cf. JEREMIAS, J. *O pai-nosso* – A oração do Senhor. São Paulo, 1976, p. 56.

cessidades. E no meio de nossas misérias devemos nos preocupar com Deus. A paixão pelo céu se articula com a paixão pela terra. Toda verdadeira libertação, na perspectiva cristã, arranca de um profundo encontro com Deus que nos lança à ação comprometida. Aí ouvimos sua voz que nos diz continuamente: Vai! E ao mesmo tempo, todo compromisso radical com a justiça e o amor dos irmãos nos remete a Deus como a Justiça verdadeira e o Amor supremo. Aí ouvimos também a sua voz que nos chama: Vem! Todo processo de libertação que não consegue identificar o Motor último de toda prática, Deus, não alcança o seu intento e não se faz integral. No Pai-nosso encontramos esta feliz relação. Não é sem motivos que a essência da mensagem de Jesus – o Pai-nosso – não venha formulada numa doutrina, mas numa oração.

A nossa meditação teológico-espiritual sobre o Pai-nosso pretende atender e integrar três níveis de leitura. O primeiro é aquele do Jesus histórico: que sentido Jesus atribuiu às palavras empregadas? que significado possui sua oração? Desde os tempos mais remotos, se entendeu o Pai-nosso como uma súmula da mensagem de Jesus. Nela expressou, em forma de oração, sua experiência mais radical e profunda. Em função deste nível tivemos o cuidado de nos apropriarmos dos resultados exegéticos mais seguros.

O segundo nível de leitura atende à teologia da Igreja apostólica. O Pai-nosso está inserido, nos Evangelhos de Mateus e de Lucas, num contexto de oração comunitária. Os cristãos rezavam o Pai-nosso em todas as suas reuniões. Conferiam um sentido próprio às palavras em razão do seu contexto vital como se espelha na forma como redigiram os evangelhos e nos acentos teológicos que imprimiram às palavras de Jesus. Por isso, procuramos entender o Pai-nosso tomando em consideração toda a teologia do Novo Testamento.

Por fim, procuramos interpretar o Pai-nosso escutando também o nosso tempo. Ao rezarmos hoje a oração do Senhor, inevitavelmente, a inserimos dentro das preocupações de nossa comunidade de fé. Ela hoje procura viver e pensar a fé em sua dimensão libertadora, dada a enorme iniquidade social a que estão submetidos nossos irmãos. Vivenciamos o Pai-nosso como a perfeita oração da libertação integral. Se estudarmos os clássicos comentários dos Pais da fé[4] como aquele de Tertuliano (por volta de 160-225), de S. Cipriano (200-258), de Orígenes (185-253), de S. Cirilo de Jerusalém († 386), de S. Gregório de Nissa († 394), de Santo Ambrósio de Milão (339-397), de Teodoro de Mopsuéstia († 428), de Santo Agostinho (354-430), ou mesmo de São Francisco de Assis (1181-1226), percebemos que junto ao comentário do Pai-nosso ressoa também sempre um comentário da própria vida, com as esperanças e angústias típicas daqueles tempos. Nada mais natural que assim seja, porque ler significa sempre reler. Interpretar com sentido o passado implica sempre atualizá-lo em função do presente.

Conscientes destes processos, presentes em todo conhecimento, assumimos o alcance e os limites de nosso próprio comentário, inserido dentro de nossa realidade tão marcada de opressões e de anelos de libertação integral. Ao recitarmos diuturnamente a oração do Senhor, ressoam conjuntamente as palavras daquele tempo e os fatos de nosso tempo. E surpreendentemente nos descobrimos próximos e contemporâneos de Jesus Cristo.

---

[4]. Eles foram traduzidos do grego e do latim por HAMMAN, A. *Le l'ater explique for les Pères*. Paris, 1952.

II
Quando tem sentido rezar o Pai-nosso

Nosso bairro é recolhimento de migrantes. Moram aqui aqueles que saíram de sua terra em busca de mais vida ou de um pouco de vida ao menos. E trabalham, trabalham muito, enquanto não estão desempregados. Trabalham, mas continuam com as mãos vazias. A diferença é que aqui dão muito mais lucro aos seus patrões.
Como sair disso? Primeiro se gasta menos, o menos possível. Come-se feijão e, quando dá, arroz, farinha e ovos. De vez em quando frango; carne quase nunca. Roupa e sapato é coisa para se comprar em raras ocasiões. Compras maiores, só aos poucos, e pagas à prestação. Mesmo assim, não dá. Então se trabalha mais. E lá vai toda a família ao trabalho: pai, mãe, menino, menina. As crianças ficam ao deus-dará, sem cuidado e sem afeição.
Morar aqui é difícil. Casa de verdade, quase não tem. A gente se esconde como pode, em cômodos e barracos. Num cômodo moram cinco pessoas e num barraco duas famílias. Morando todo mundo amontoado, não tem onde jogar o lixo da casa. O poço e a fossa moram juntos. As águas estão

todas contaminadas. Vivendo assim, como se pode ter saúde? Trabalhar muito, comer pouco, morar como bicho e enfrentar tanta sujeira, quem é que aguenta? Estamos todos cheios de doença de pobre: verminose, desnutrição, desidratação, tuberculose, broncopneumonia, meningite. Assim, uma doença vai se somando à outra e chega-se ao termo da vida muito cedo.
Somos uma porção de viventes dispersos, não um povo. Não temos associação para nada. Nada para ajudar as nossas necessidades econômicas, nada para defender nossos salários e fiscalizar os preços descabidos ou os produtos ruins. Essa é a nossa realidade. Dura. Feia. Triste.

(Relatório da Comunidade Eclesial de Base de Santa Margarida, periferia de São Paulo, em SEDOC 11 (1978), 345-348)

A oração não é o primeiro ato que um homem faz. Antes da oração, há um choque existencial. Só então eclode a oração como consequência, seja a oração de súplica, de ação de graças ou de adoração[1]. Não é diferente com a oração que Jesus nos ensinou a rezar, o Pai-nosso. Ele só se entende no interior da profunda experiência vivida por Jesus,

---

1. Sobre a oração em geral veja a obra clássica de HEILER, F. *Das Gebet* – Eine religionsgeschichtliche und religionspsychologische Untersuchung. Munique/Basileia, ⁶1959. Para a oração cristã o melhor estudo continua sendo ainda HAMMAN, A. *La Prière*. 2 v. Tournai, 1959.

experiência esta traduzida por sua mensagem e por suas práticas. Na verdade, o Pai-nosso constitui – como escreveu um de seus primeiros comentadores, já no século III, Tertuliano († 225) – a súmula de todo o Evangelho (*breviarium totius evangelii*)[2]. Que choque existencial subjaz ao Pai-nosso e à Boa-Nova de Jesus?

1. As veias abertas: o mundo geme (Rm 8,22)

Ao lançarmos os olhos sobre o mundo, somos feridos por um gritante paradoxo: ao lado da irrecusável bondade, beleza e graciosidade que adereçam todas as coisas, tropeçamos com a inegável maldade, cissura e perversidade que estigmatizam as pessoas e o mundo. O sofrimento nos escandaliza. A realidade é sinistra pela incomensurável carga de lágrimas que ela encerra. O mundo é agressivo; a lei fundamental é: a tua morte é a minha vida. Cataclismos, convulsões elementares e desordens de dimensões cósmicas ameaçam todos os possíveis equilíbrios. Há veias abertas por todos os lados; o sangue corre, sem preço e gratuitamente. "O mundo geme como em dores de parto", reconhece São Paulo (Rm 8,22). Ele não se pertence a si mesmo, mas é entregue a forças dia-bólicas. Não existem, a não ser na fantasia, sociedades que não possuam seus martirológios, seus massacres e crimes coletivos. A criação não se encontra mais sob o arco-íris da paz de Deus; por toda parte se erguem ídolos que exigem adoração e tentam substituir o Deus vivo e verdadeiro.

---

[2]. *Da oratione*. PL 1. 1153.

2. Infeliz de mim! Quem me livrará...? (Rm 7,24)

Ao nível humano a experiência da contradição é ainda mais funesta. O grito de Jó sobe, de geração em geração, para o céu e fere os ouvidos de todos. Cada um percebe o quanto sua relação para com o mundo, o trabalho, o outro, o amor, a justiça se encontra arruinada. A ruptura não atravessa apenas as formações sociais, dilacera também seu coração: "Não faço o bem que quero e sim o mal que não quero" (Rm 7,20). A vontade de dominar nunca se sacia, o instinto de destruição nunca se exaure e o número dos sacrificados nunca é suficiente. Mesmo a vida quotidiana não escapa das sombras do absurdo, do enigmático e do cruel. A história da dor sem sentido não conhece um capítulo conclusivo. Também o Filho do Homem não foi poupado "de clamores e lágrimas" (Hb 5,7), de angústias (Lc 22,44), do aprendizado que se faz "por meio dos sofrimentos" (Hb 5,8) e do brado lançado ao céu, expressando o abandono de Deus: "Meu Deus, meu Deus, por que me abandonaste"? (Mc 15,34). A exclamação interrogativa de Paulo traduz a densidade do drama humano: "Infeliz de mim! Quem me livrará...?" (Rm 7,24).

3. O mundo aguarda ansiosamente... (Rm 8,19)

Face a esta situação macabra podemos alimentar três atitudes: de revolta, de resignação e de esperança contra toda a esperança.

Há os que se indignam contra a tragicidade do mundo e erguem o punho contra o céu: Deus não existe e, se existisse, nós teríamos mais perguntas a fazer a Ele do que Ele a todos nós! A sensibilidade moderna é pervadida de acusações contra Deus[3]. Se há um criminoso – dizem alguns – que deve ser arrastado à barra dos tribunais, esse deve ser Deus. Ele é onipotente, pode salvar seus filhos e não os salva. Entrega-os à tortura e à morte violenta. Ele se comporta como um criminoso. Outros gritam: Eu me recuso eternamente de aceitar uma criação de Deus na qual crianças tenham que sofrer inocentemente. Ele é um Moloch que vive de lágrimas, de corpos estraçalhados, de mortes matadas. Esse Deus é inaceitável! É Pai de ninguém, como disse Marcião, um herege do século II, para expressar a falta de amor de Deus e a nossa impossibilidade de amá-lo ante a tragédia deste mundo. O celebrado historiador moderno inglês Arnold Toynbee se atormentava com "uma discordância no Pai-nosso" e escreveu: "Deus não pode ser ao mesmo tempo bom e onipotente. Estas são concepções alternativas da natureza de Deus mutuamente exclusivas. Temos de escolher entre elas..."[4]

Reconciliar a existência do Deus-Amor com a iniquidade do mundo constituiu sempre um desafio para a razão,

---

3. Cf. MOELLER, Ch. *Literatura do século XX e cristianismo*. V. II. São Paulo, 1959. • Id., Aspectos do ateísmo na literatura moderna. In: *Deus está morto?* Petrópolis: Vozes, 1970, p. 281-302. • Greshake, G. Leiden und Gottesfrage. In: *Geist und Leben* 60 (1977), p. 102-121, com muitos exemplos, esp. p. 101-117.

4. Uma discussão no Pai-nosso. In: *Experiências*. Petrópolis: Vozes, 1970, p. 192-194; aqui p. 193. Toynbee argumenta nesta linha: Se Deus é onipotente, Ele pode tudo. Se pode tudo, por que não elimina o mal? Se não o elimina, ou não é onipotente ou então não é bom. Bondade e onipotência se excluem; caso conviverem juntas, significa que Deus é Deus e também diabo (p. 193). Veremos em seu devido lugar a superação desta falsa alternativa: Deus é tão onipotente que pode suportar também o mal, sem ser derrotado por ele.

desde os tempos de Jó. Por mais que os gênios como Santo Agostinho ou Leibniz tivessem arquitetado argumentos para isentar Deus e esclarecer a dor, nem por isso a dor desaparece. A compreensão da dor não acaba com a dor, assim como ouvir receitas culinárias não faz matar a fome. Por isso compreendemos a contundência de Jó contra todos os "amigos" que lhe queriam explicar o sentido da dor: "Vós não sois senão charlatães, não sois senão médicos de mentiras. Se ao menos vos calásseis, os homens tomar-vos-iam por sábios... Mas eu desejaria falar com o Todo-poderoso e desejaria discutir com Deus" (Jó 13,4-5; 13,3).

Outros se entregam à resignação metafísica: o princípio último da realidade é simultaneamente bom e mau. Ele é deus e diabo, ao mesmo tempo. Estamos entregues ao seu arbítrio. O mundo e o homem são uma arena onde se manifesta a contradição inerente à própria Realidade Suprema. Há os que admitem dois princípios em eterna guerra entre si: o princípio do Bem e o princípio do Mal. A resolução não consiste em superar o mal, mas buscar um equilíbrio entre bem e mal, integração e desintegração. O homem deve se habituar a viver sem esperança.

Outros ainda rendem-se a uma resignação ético-religiosa. Em Deus não há trevas, mas só luz. O mal está do lado do homem que não é vítima de uma fatalidade, nem de uma irresistível tentação, mas sujeito de uma liberdade que pode, em livre-arbítrio, frustrar-se. A narrativa da queda original (Gn 3) quer sublinhar a responsabilidade do homem. Ele se atolou de tal forma no abuso de sua liberdade que esta se encontra cativa; sofre sob sua incapacidade histórica de gerar uma qualidade de vida razoável e fraterna. O homem tem que alimentar paciência para consigo mesmo e, humildemente, reconhecer-se pecador. O Eclesiástico surge como o protótipo do homem cético e resignado; não se faz ilusões acerca da vida humana e de seu futuro[5]. Conclama o leitor de todos os tempos: "sofre as demoras de Deus... Aceita tudo o que te acontecer; permanece firme na dor e, na humilhação, tem paciência!" (Eclo 2,3-4). Deus não fica distante e indiferente aos clamores dos oprimidos; decide libertá-los (Ex 3,8). As maldições dos pobres são imprecações que Deus escuta (Eclo 4,6). Ele pode dizer: "Em toda vossa dor, participo também eu da dor" (Is 63,9); "com aquele que está em perigo, estarei também eu em perigo" (Sl 91,15). No Novo Testamento se conta a história de Deus como história de sofrimento solidário; o Messias é o justo sofredor, encarna o Servo que "carregou as nossas dores, considerado um homem castigado, ferido por Deus e humilhado" (Is 5,34 = Mt 8,17); Ele mesmo "padeceu conosco sendo tentado" (Hb 2,18). Esta solidariedade não elimina a dor, cria a fraternidade dos sofrentes, traz resignação e protege contra o desespero, por causa da comunhão com Aquele maior e mais forte que também sofreu (Cl

---

5. Sabemos que o estoicismo foi aquela escola filosófica e aquele caminho de sabedoria que mais se confrontou com a fatalidade deste mundo; pregou um ajustamento e inserção no princípio da realidade, convocou para um titanismo no sentido de tudo suportar e sofrer com serenidade e grandeza de espírito. Este ideal nunca deixou de atrair os espíritos, como um Freud ou um Toynbee, entre tantos outros. Permanece sempre a pergunta em aberto: Pode o homem confiar assim em si mesmo e em suas forças? Não será uma sobreexigência à natureza humana que a leva, normalmente, a quebrar-se? Ou não será que o homem é chamado a entregar-se a um Maior e aí descansar. Veja para isso as excelentes reflexões de KUSS, O. Zur Vorlehsungsglauben im Neuen Testament. In: *Auslegung und Verkündigung* II. Regensburg, 1966, p. 139-152; esp. p. 139-146.

1,24; Rm 8,17; 1Pd 4,13). Mas, apesar de tudo, a chaga fica aberta e a sangrar. Novamente: infeliz de mim! Quem me libertará...?

E contudo existem aqueles que esperam contra toda a esperança. Não são menos realistas que os demais; também para eles o mundo é um vale de lágrimas. Continuam permanentemente tentados pelos absurdos pessoais e históricos. Entretanto, a despeito da anti-história do sofrimento, testemunham um sentido triunfante. No termo da evolução e na raiz do mundo não vigora o caos, mas o cosmos; não a desagregação, mas a congregação de tudo no amor. O mundo não é mau porque é mundo, mas porque tornou-se imundo pela irresponsabilidade da liberdade humana. E esperam a revelação da plena luz que espancará todas as trevas. Na linguagem arcaica das Escrituras ouvem-se promessas: das espadas se forjarão arados, das lanças, podadeiras, nenhum povo se levantará contra outro povo" (Is 2,4; Mq 4,3), "porque a bota que pisa com estrépito e o uniforme empapado de sangue serão combustíveis, pasto e fogo" (Is 9,4), porque "os pobres serão julgados com justiça e com retidão os desamparados" (Is 11,4), porque haverá reconciliação e fraternidade entre o homem e a natureza e as forças vivas entre si (Is 11,6-9), e finalmente "não haverá fome nem sede" nem perturbações cósmicas (Ap 7,16) porque Deus será "um Deus-conosco, enxugará as lágrimas de nossos olhos, a morte já não existirá, nem haverá luto, nem pranto, nem fadiga, porque tudo isto já passou" (Ap 21,3-4). E então haverá um novo céu e uma nova terra (Ap 21,1.5). É a linguagem da utopia e da esperança. A experiência da melancolia do mundo irá contradizer permanentemente esta visão libertadora. Mas jamais morre o desejo; a fantasia é mais real que a brutalidade dos fatos. Por isso haverá sempre espíritos imunizados contra o vírus da desesperança e da impotência. Os profetas de todos os tempos assomam como cavaleiros da esperança e despontam como estrelas do amanhã melhor. Entretanto, a solução se situa no futuro; apenas na esperança é que nos sentimos salvos (cf. Rm 8,24); os tempos continuam maus e o homem envergonhado. Até quando, Senhor?

4. Para os que moravam nas trevas da morte, levantou-se uma luz (Mt 4,16)

É neste transfundo que se deve entender a aparição de Jesus e a ressonância de sua boa-nova: "O prazo da espera expirou; o Reino de Deus foi aproximado; mudem de vida e creiam nesta boa notícia!" (Mc 1,15). Deus resolveu intervir, pôr fim à situação dia-bólica e inaugurar uma nova ordem. Não anuncia apenas um futuro. Fala de um presente: "Hoje se cumprem as Escrituras que acabais de ouvir" (Lc 4,21). O Reino de Deus forma a mensagem central do Jesus histórico. Ele nunca definiu o que seja, propriamente, este Reino. Mas ele não é apenas uma palavra altissonante; traz alegria para todo o povo, já está em nosso meio e sua total manifestação é iminente; modifica a realidade deste mundo porque cegos veem, coxos andam, mortos ressuscitam, pecados são perdoados; os pobres, os aflitos, os injustiçados são os primeiros beneficiários. Importa trocar de vida e habilitar-se para a nova situação. O Reino não vem mecanicamente. Não se trata de uma teoria, clarificadora dos dramas do mundo, mas de um fazer, de um mudar, de uma nova práxis. Por isso, Reino de Deus é um torneio literário – porque os judeus, por respeito, evitavam usar Deus como sujeito – para dizer: Deus reina para sempre (cf. Ex 15,18), vale dizer, Deus aparece como o único Senhor da história, restabelece a ordem violada, depõe os poderosos porque estavam acima dos outros, eleva os humildes porque estavam rebaixados, e aniquila o último inimigo, a morte (cf. 1Cor 15,26). Para que Deus liberte a sua criação desta forma, precisa que o homem participe e não seja apenas um assistente; caso contrário o Reino de Deus seria inumano e uma imposição. Assim como se encontra, este mundo não é o Reino; como a intervenção de Deus e a conversão do homem, agindo também sobre o mundo, ele se transforma em lugar do Reino de Deus. Portanto, ele é dom e é tarefa; é gratuidade e é conquista; é um presente e é um futuro; é uma celebração e é uma promessa[6]. Agora se renova a esperança dentro do coração atormentado dos homens: "O povo que estava nas trevas viu uma grande Luz" (Mt 4,16) que é Jesus mesmo, o Reino presente. Lá onde Ele está, irrompe também o Reino.

A manifestação completa do Reino está bem próxima. Jesus participa da convicção de seus contemporâneos de que a total regeneração de todas as coisas esteja às portas. Despreocupa-se do quando e do como (*tempora et momenta*), mas preocupa-se com a vigilância: há que estar atento porque o Reino virá como um ladrão[7]. E o Reino de Deus se constrói contra o Reino deste mundo. Com Jesus ele eclodiu, mas persiste ainda a situação macabra. Portanto, a contradição básica entre a perversão do mundo e a sanidade do novo céu e da nova terra perdura, embora por pouco

---

6. Cf. BOFF, L. O projeto histórico de Jesus. In: *Paixão de Cristo, paixão do mundo*. Petrópolis: Vozes, 1978, p. 21-38.
7. Cf. SCHIERSE, F.J. Die Krise Jesu von Nazareth. In: VV.AA. *Christentum als Krise*. Würzburg, 1971, p. 35-65; esp. p. 38-41.

tempo. A apocalíptica do tempo de Jesus vivenciava de forma profunda esta tensão e expectativa. Sem a compreensão deste horizonte apocalíptico, dificilmente se entende o Jesus histórico, a contundência de seu anúncio, a esperança que suscitou, a premência do tempo que supõe e a radicalidade da conversão como preparação para a suprema crise.

Aceitar semelhante reviravolta global e estrutural da realidade, como se promete com a irrupção do Reino de Deus, exige fé. Jesus a pede explicitamente e muitas vezes: creiam nesta alvissareira notícia (Mc 1,15; Mt 3,2). Não é evidente que a utopia se transforme em topia, vem a ser, em ridente realidade. A segunda carta de São Pedro guarda ainda a queixa dos ouvintes de Jesus: "Por que, desde que morreram nossos pais, tudo permanece igual desde o princípio do mundo?" (2Pd 3,4). É razoável dar ouvidos às promessas dos sonhadores? Não é mais sensato e maduro assumir o princípio de realidade com todas as suas contradições? E contudo há os que esperam contra toda a evidência dos fatos; como diria Jó: "Mesmo que tente matar-me, ainda assim espero nele" (13,15). O coração não poderá ser defraudado para sempre. Que isso é verdade, o revelou a ressurreição de Jesus, pois aí rebentou, de fato, o primeiro sinal inequívoco do novo céu e da nova terra com a emergência do novíssimo Adão (1Cor 15,45). É a perfeita libertação!

5. Animados por Jesus e pelo Espírito ousamos dizer: Pai nosso! (Gl 4,5)

O choque existencial, referido acima, constitui o substrato do Pai-nosso, a oração que Jesus ensinou aos apóstolos. Aí se cristalizou o cerne da experiência de Jesus e se fixaram os marcos basilares de sua mensagem. A experiência se concentra na consciência de que a catástrofe final está iminente[8]; este mundo malévolo tem os dias e as horas contados. A mensagem, entretanto, não é, como em João Batista, de juízo e punição, mas de alegria porque o Reino será, definitivamente, estabelecido. Agora, porém, se vive um entretempo; nos é dado um pequeno ínterim entre o findar do velho e o começar do novo. É tempo de crise, de tentações, de decisões nas quais tudo se joga. Em que agarrar-se? Como preparar-se corretamente? Este é o contexto histórico no qual se enquadra o Pai-nosso. Toda reconstrução do sentido jesuânico da oração de Jesus deve partir desta situação de premência. Vejamos, com mais detalhe, a ocasião em que foi pronunciado, sua historicidade e sua estrutura[9].

---

8. Veja os clássicos desta interpretação que provocou enorme discussão até os dias de hoje: WEISS, J. *Die Predigt Jesu vom Reiche Gottes* (1892). Göttingen, ²1900. • SCHWEITZER, A. *Geschichte der Leben-Jesu-Forschung* (1906). 2 v. Hamburgo, 1966, esp. II, p. 402-451; p. 620-630; na interpretação do Pai-nosso assumiram, consequentemente, esta perspectiva o católico O. Kuss e o protestante E. Lohmeyer (ver bibliografia abaixo).

9. Veja a principal bibliografia que utilizaremos em nossas reflexões: DIBELIUS, O. *Das Vaterunser* – Umrisse zu einer Geschichte des Gebets in der Alten und Mittleren Kirche. Giessen, 1903. • LOHMEYER, E. *Das Vater-unser*. Zurique, 1952. • JEREMIAS, J. *Abra Studies zur neutestamentlichen Theologie und Zeitgeschichte*. Göttingen, 1966, esp. p. 15-67. • Id. *O Pai-nosso* – A oração do Senhor. S. Paulo, 1976. • KUSS, O. Das Vater-unser. In: *Auslegung und Verkündigung* II. Regensburg, 1966, p. 277-333. • HAMMAN, A. La prière du Seigneur. In: *La Prière* I. Tournai, 1959, p. 94-134. • MARCHEL, W. *Abba, Père*. Paris, 1966. • VAN DEN BUSSCHE, H. *Le notre Père*. Bruxelas, 1960. • SOIRON, Th. *Die Bergpredigt Jesu*. Friburgo, 1941, p. 314-370, • SABOURIN, L. *Il vangelo di Matteo*. Roma, 1976, p. 425-457, e outros citados no final do livro.

O Pai-nosso nos foi transmitido em duas versões: uma mais longa, a de São Mateus (6,9-13), e outra mais breve, a de São Lucas (11,2-4). Transcrevemos o texto em paralelo:

Mateus	*Lucas*
Pai nosso que estás nos céus, santificado seja o teu nome; venha a nós o teu reino, seja feita a tua vontade assim na terra como no céu.	Pai, santificado seja teu nome, venha o teu reino.
O pão nosso de cada dia dá-nos hoje,	Dá-nos cada dia o pão necessário;
perdoa-nos nossas ofensas, assim como nós perdoamos aos que nos têm ofendido,	perdoa-nos os pecados, pois também nós perdoamos a todos os que nos têm ofendido,
e não nos deixes cair em tentação,	e não nos ponhas à prova.
mas livra-nos do mal.	

Por que, pelos anos 75-85, época em que foram redigidos os dois evangelhos, o Pai-nosso é transmitido em duas versões? Teria Jesus ensinado, em ocasiões diferentes, duas versões? Os especialistas[10] nos afirmam que os evangelistas nos transmitiram aquela forma que encontraram em suas comunidades. Historicamente considerado, não se trata,

---

10. KUSS, O. *Das Vater-unser*. Op. cit., p. 279-280. • LOHMEYER, E. *Das Vater-unser*. Op. cit., p. 14-18, e outros.

assim como se encontra, de uma simples oração de Jesus, a qual poderíamos retraduzir do original grego para a fórmula primitiva aramaica, a língua de Jesus[11]; trata-se, isto sim, de uma oração de Jesus tradicionada e assimilada de forma diferente nas várias comunidades cristãs dos primeiros tempos, como se testemunha também na Didaqué[12]. A fórmula histórica de Jesus nos é inacessível. O que conhecemos são estas duas versões.

Qual seria a redação mais original e primitiva? Lucas é mais breve e contém em si tudo o que Mateus diz em forma desdobrada. Segundo as leis que regem a transmissão de um texto litúrgico, nos ensina o grande mestre Joaquim Jeremias, "sabemos que, quando uma redação mais curta está assim integralmente contida numa longa, é a mais curta que deve ser considerada como original"[13]. Destarte Lucas seria mais original.

A diferença de contextos em Mateus e em Lucas nos ajuda ainda a entender a diversidade das versões. Em ambos se trata da oração. Em Mt 6,6-15 onde ocorre o Pai-nosso encontra-se um verdadeiro catecismo sobre a oração, provavelmente utilizado em função dos neófitos (não fazer como os fariseus, com muita ostentação; nem como os pagãos, com muitas palavras; deve-se perdoar se se quiser ser perdoado). Em Lc 11,1-13 também temos a ver com um catecismo, mas em outro estilo. Enquanto Mateus se destina a

---

11. Veja a retradução feita por JEREMIAS, J. O Pai-nosso. Op. cit., p. 30.

12. Didaqué 8,2 pede que se reze o Pai-nosso três vezes ao dia. A Didaqué é datada entre 50-70 dC. Cf. AUDET, J.P. La Didachê – Instructions des Apôtres. Paris, 1958.

13. JEREMIAS, J. O Pai-nosso. Op. cit., p. 23.

judeus que sabem rezar e apenas devem aprender a rezar retamente, Lucas se destina a pagãos que não rezam e devem ser iniciados na oração. Daí que Mateus é mais litúrgico com tendência a alongar-se, e Lucas mais curto com tendência a concentrar-se no essencial. De todas as formas, estamos diante de uma construção poética, com ritmo e rima, para ser rezada, alto, pela comunidade. As demais diferenças serão discutidas quando comentarmos cada uma das estrofes. As raízes do Pai-nosso são, nitidamente, judaicas, embora a oração de Jesus seja extremamente formal, seca, sem qualquer retórica, quando comparada com a Shemoné Esré (a oração das 18 bênçãos, na realidade 19), a Qaddish (orações conclusivas das celebrações) e as diversas espécies de orações rabínicas[14].

A versão de Lucas nos faz entrever como surgiu o Pai-nosso: "Achando-se Jesus a rezar num certo lugar, disse-lhe um dos discípulos quando Ele acabou: Senhor, ensina-nos a rezar como João ensinou a seus discípulos. Disse-lhes Ele então: Quando rezardes dizei: Pai..." (Lc 11,1-2). A referência a João acena para o fundo histórico do relato. A pergunta "ensina-nos a rezar" equivalia a: "dê-nos o resumo de tua mensagem"; sabemos que cada grupo do tempo de Jesus se distinguia por uma forma própria de rezar[15]. A

---

14. Veja os paralelos feitos por HAMMAN, A. *La Prière*. Op. cit., p. 98-99; A Shemoné Esré é para os judeus a oração por excelência; grande parte das 18 bênçãos é da primeira metade do século I e o restante pode até ser de antes de Cristo. A redação final ter-se-ia feito nos anos 90 sob Gamaliel II: BILLERBECK, P. *Kommentar zum Neuen Testament aus Talmud und Midrasch*. Munique, 1922-1928, IV, p. 208-249; cf. I, p. 407. A Qaddish é datada por volta dos anos 600 dC.

15. JEREMIAS, J. *O pai-nosso*. Op. cit., p. 31-32.

oração tinha a função de uma espécie de *credo* que conferia unidade e identidade ao grupo. Assim, o grupo de Jesus se sentia, efetivamente, membro da comunidade escatológica criada por Jesus[16]. Por isso que dizemos ser a oração de Jesus a quintessência de sua intenção e missão. Aí se fala do Pai, *Abba*, a invocação pessoalíssima do Jesus histórico, da vinda do Reino, da Providência Divina que cuida do essencial da vida biológica (pão) e da vida social (o perdão como costura das rupturas), da grande crise e tentação.

A versão de Mateus define melhor o significado do Pai-nosso como a forma de oração que Jesus quer, à distinção de outras maneiras de fazê-lo, inserida dentro de outras práticas de piedade: a esmola (Mt 6,1-4) e o jejum (Mt 6,16-18).

Se considerarmos a estrutura do Pai-nosso, notamos, imediatamente, dois movimentos que se cruzam: um se ergue para o céu: o Pai, sua santidade, seu Reino, sua vontade; o outro se dobra para a terra: o pão, o perdão, a tentação, o mal. Ao céu fazemos votos (3), à terra, pedidos (3). Ou então notamos aí os dois olhos da fé: um que se ergue para Deus e contemplamos sua luz; o outro se volta para a terra e topamos com o drama das trevas; por um lado sentimos a força do homem interior (espírito) que irrompe para cima (Deus), por outro experimentamos o peso do homem exterior (carne) que se curva para baixo (terra).

Toda a realidade em sua grandeza e em sua obscuridade se encontra diante de Deus. Tanto o desejo infinito para os céus (Pai nosso que estás nos céus...) quanto as raízes te-

---

16. Cf. LOHMEYER, E. *Das Vater-unser*. Op. cit., p. 13. • KUSS, O. *Das Vater-unser*. Op. cit., p. 280.

lúricas (o pão nosso de cada dia) para o mundo são oferecidas a Deus.

Sabemos que na Igreja dos primórdios o Pai-nosso pertencia à disciplina do arcano; era reservado somente aos já iniciados no mistério cristão. Daí se entendem as fórmulas introdutórias, cheias de temor e respeito, conservadas até recente data: "Advertidos salutarmente pelos vossos ensinamentos e instruídos pela divina instituição, ousamos dizer: Pai nosso" (do Missal romano, antes da reforma do Vaticano II). Justifica-se porque com o Pai-nosso estamos diante do segredo de Jesus comunicado aos apóstolos. Não se pode rezar, de qualquer jeito e com qualquer disposição, a oração que o Senhor nos ensinou. Ela supõe a percepção de todo o drama deste mundo; sofrendo sob a paixão da história, nos promete libertação.

O Pai-nosso, na verdade, exige um ato de fé, esperança e amor. Ao rezá-lo, como notava já Tertuliano[17], professamos a fé em Deus como Pai, apesar do silêncio de Deus, de sua distância nos céus, do rosário de sofrimentos sem conta. Ele é Pai bondoso. Olhando para o mundo não o constatamos, mas o cremos. É um ato de esperança: venha o teu Reino, faça-se a tua vontade sempre! Esperamos, firmemente, que o Pai enxugará todas as lágrimas e modificará as estruturas de sua criação. Então, só então, sorrirá o *shalom* de Deus e dos homens. É um ato de amor. Não dizemos simplesmente Pai, mas Pai *nosso*. Aqui se expressa o aconchego e a intimidade do amor; *Abba*, dizia Jesus, quer dizer, Papaizinho, Pai bondoso!

---

17. *De oratione*, PL l, 1153.

Por nós mesmos, talvez, não tivéssemos coragem de chamar a Deus de Pai bondoso. Mas o Espírito de Jesus, derramado em nossos corações, reza por nós: Abba, Pai (cf. Gl 4,6; Rm 8,15). Porque nos sentimos filhos no Filho, porque formamos com Ele a fraternidade escatológica e porque o Espírito nos move, então rezamos: Pai nosso!

III
Pai nosso que estais no céu

Pai,
desce dos céus, esqueci
as orações que me ensinou minha avó,
pobrezinha, ela agora repousa,
não tem mais que lavar, limpar, não tem mais
que preocupar-se, andando o dia todo
atrás da roupa,
não tem mais que velar de noite,
penosamente,
rezar, pedir-te coisas, resmungando
docemente.
Desce dos céus, se estás, desce então,
pois morro de fome nesta esquina,
não sei para que serve haver nascido,
olho as mãos inchadas,
não têm trabalho, não têm,
desce um pouco, contempla
isto que sou, este sapato roto,
esta angústia, este estômago vazio,
esta cidade sem pão para meus dentes, a
febre,
cavando-me a carne,
este dormir assim,
sob a chuva, castigado pelo frio,
perseguido.
Te digo que não entendo, Pai, desce,

toca-me a alma, olha-me
o coração,
eu não roubei, nem assassinei, fui criança
e em troca me golpeiam e golpeiam,
te digo que não entendo, Pai, desce,
se estás, pois busco
resignação em mim e não tenho e vou
encher-me de raiva e afilar-me
para brigar e vou
gritar até estourar o pescoço de sangue,
porque não posso mais, tenho rins
e sou um homem,
desce! Que fizeram de tua criatura, Pai?
Um animal furioso
que mastiga a pedra da rua?

(Oração de um desocupado, de Juan Gelman,
poeta contemporâneo argentino)

Na reflexão inicial sobre o Pai-nosso tentamos refazer a atmosfera existencial que deu origem à oração de Jesus. Subjacente está a percepção sofrida do paradoxo deste mundo: a criação boa de Deus se encontra dominada pelo diabólico que atormenta nossa vida e ameaça nossa esperança. O Reino de Deus representa a reviravolta desta situação; por isso do coração das trevas eclode o raio da luz libertadora: o Reino já foi aproximado e já acontece em nosso meio! Arma-se uma grande crise e a decisão definitiva está iminente. No meio desta premência e da paixão dolorosa deste mundo, Jesus nos ensina a rezar: Pai nosso que estais no céu.

Considerando a situação anômala e aberrante deste mundo, não é nada evidente que Deus seja um Pai querido (*Abba*). Precisamos de fé, esperança e amor para, superando a tentação do ceticismo e da revolta, repetir com Jesus: Pai nosso. Se Ele não no-lo tivesse ensinado e pedido para rezar, certamente jamais ousaríamos exclamar – agora cheios de confiança e aconchego – Pai querido. Recitamos e vivemos o Pai-nosso, cada dia, apesar de todas as contradições, porque somos herdeiros do manancial inesgotável da esperança de Jesus contra todas as evidências em contrário. Por causa desta esperança e desta ousadia as trevas não são menores, mas menos absurdas, os perigos não são tirados, mas é reforçada a nossa coragem.

Articularemos nossa reflexão em dois níveis. No primeiro, esforçar-nos-emos por entrar na mentalidade e na experiência de Jesus[1]. No segundo, tentaremos rezar *Pai nosso* dentro da carga de opressões que pesam e entristecem os homens de nosso tempo.

---

1. Veja a principal bibliografia sobre o tema em pauta: JEREMIAS, J. *Abba*. Göttingen 1966, p. 15-66. • Id. *O pai-nosso* – A oração do Senhor. S. Paulo 1976, p. 31-39. • Id. *Neutestamentliche Theologie* – Die Verkündigung Jesu. Gütersloh, 1971, p. 67-73 [existe a tradução para o português, Ed. Paulinas, S. Paulo]. • LOHMEYER, E. *Das Vater-unser*. Zurique, 1952, p. 18-40. • KUSS, O. Das Vater-unser. In: *Auslegung und Verkündigung* II. Regensburg, 1967, p. 314-318. • HAMMAN, A. *La Prière* I. Paris-Tournai, 1958, p. 102-104. • MARCHEL, W. *Dieu-Père dans le Nouveau Testament*. Paris, 1966. • Id. *Abba, Père* – La prière du Christ et des chrétiens. Roma, 1963, p. 101-177. • MÉRAD, A.; ABÉCASSIS, A. & PÉZERIL, D. *N'avons-nous pas le méme Père?* Le Chalet, 1972, p. 111-129. • SCHIERSE, F.J. O Pai de Jesus. In: *Mysterium Salutis* II/1. Petrópolis, 1972, p. 84s.

1. A universalidade da experiência de Deus Pai

O Pai-nosso bem como o tema central do Reino de Deus que afloraram à boca de Jesus possuem raízes universais e atingem as camadas mais arcaicas de nossa arqueologia interior. Em Jesus está presente o antigo e também o novo. Ele, por um lado, assume e leva até a sua última culminância o universal humano e, por outro, revela uma originalidade própria, só dele. Ao dizer *Pai querido* ressoa a vibração de um dos arquétipos mais ancestrais da experiência humana de todos os homens e, ao mesmo tempo, transparece a relação única e íntima que Jesus entretinha com Deus. Consideremos os diversos passos. Por efeito de clareza, distinguimos três modalizações no uso da expressão Pai: como designação, como declaração e como invocação[2].

Pertence ao abc de toda experiência religiosa autêntica a percepção, embora atemática, de que vige um laço de parentesco entre o homem e a divindade; o homem religioso se sente imagem e semelhança do seu Deus; surpreende-se filho e invoca Deus como pai ou como mãe[3]. Os povos mais antigos, como os pigmeus, os australianos, os bantos, até os mais evoluídos, como os egípcios, assírios, indos, gregos e latinos,

---

2. Cf. RICOEUR, P. A paternidade: da fantasia ao símbolo. In: *O conflito das interpretações*. Rio de Janeiro, 1978, p. 390-414; aqui p. 405-408. • MARCHEL, W. *Dieu-Père*. Op. cit., p. 33s.

3. Veja NISSA, Gregório, de († 894). *De dominica, oratione*, PG 44, 1136-1148, traduzida por HAMMAN, A. *Le Pater expliqué par les Pères*. Paris, 1962, p. 114: "É claro que nenhum homem sensato se permitiria empregar o nome de pai, se não reconhecesse alguma semelhança com ele".

todos eles designavam a Deus como Pai[4]. Esta expressão quer traduzir a absoluta dependência de Deus e, ao mesmo tempo, o respeito inviolável e a confiança irrestrita. O homem agradece à divindade a existência e se relaciona com ela como a criança com sua mãe ou com seu pai, ou o jovem com o mais velho. Bem primitivamente, a expressão Pai não estava associada ainda à geração e à criação que supõe, como base material para a imagem, a concepção da família. Numa organização social ainda mais primitiva, à base de grupos de seniores (mais velhos) em face de grupos de juniores (mais jovens), a expressão Pai traduzia a autoridade, a plenitude do poder e a sabedoria dos velhos. Tratava-se, portanto, de uma designação e de um título de honra. Depois, Pai vai significar o criador e gerador de tudo, como diziam os romanos de Júpiter ou de outros deuses (Marte, Saturno), *pater*, *parens* e *genitor*[5]. Como tal, ele aparece como Senhor e Rei universal. Homero, na *Ilíada*, podia dizer do deus principal dos gregos: "Zeus, pai, tu dominas sobre os deuses e os homens"[6]. Aristóteles, em sua *Política*, esclarecerá que o poder do pai sobre os filhos é como aquele de um rei[7].

A designação de Pai deve, pois, ser entendida à luz destas duas atividades: como gerador-criador e como princípio

---

4. Veja ricos exemplos nas obras clássicas HEILER, F. *Das Gebet*. Munique-Basileia, 1969, p. 120-121; 140-143. • VAN DER LEEUW, G. *Phänomenologie der Religion*. Tübingen, 1956, § 20, p. 195-201. • TELLENBACH, H. (ed.). *Das Vaterbild in Mythos und Geschichte*. Kohlhamer, Stuttgart-Berlim, 1976.

5. HAMMAN, A. *La Prière*. Op. cit., p. 82.

6. *Ilíada*. IV, 235; V, 33; XIII, 631; cf. *Odisseia* XIII, 128; XX, 112.

7. *Política* I, 12.

de autoridade e senhorio, princípio não sinistro e aterrador, mas aconchegante e cheio de bondade. Assim se entende o famoso hino sumério-babilônico de Ur em homenagem ao deus da lua Nanna, onde se reza: "Pai benigno e misericordioso, em cuja mão está a vida da terra inteira", ou a Marduc, onde se diz: "Sua ira é como uma tempestade e sua serenidade e bondade é como a de um pai misericordioso"[8]. Aqui encontramos as mesmas qualidades de Deus experimentadas também pelo homem bíblico: Deus-Pai como absoluta autoridade e infinita misericórdia.

Com referência a Israel e sua relação a Deus como Pai apresentam-se problemas específicos. Lentamente no Antigo Testamento se chegou a representar Deus como Pai. Há uma dificuldade de fundo que justifica a pouca ocorrência – apenas 15 vezes[9] – do nome Pai aplicado a Javé. Os autores bíblicos mantêm uma permanente polêmica com a antropologia dos povos do Médio Oriente, segundo a qual o ser humano tem sua origem de uma deusa ou do sangue de um deus expulso do céu e morto; por isso, o homem é divino. A fé bíblica não pode aceitar semelhante antropologia teológica, pois mistura impertinentemente Deus e homem, divinizando o que não pode ser divinizado (a criatura) e profanizando o que não pode ser profanizado (Deus). Daí

---

8. JEREMIAS, J. Abba. Op. cit., p. 15; Id. Pai-nosso. Op. cit., p. 34.

9. São as seguintes passagens: Dt 32,6; 2Sm 7,14; 1Cr 17,13; 22,10; 28,6; Sl 68,6; 89,27; Is 63,16 (bis); 64,7; Jr 3,4.19; 31,9; Ml 1,6; 2,10; Deus comparado com o pai terreno: Dt 1,31; 9,5; Sl 103,13; Pr 3,12. A ideia de Deus como Pai se conserva em muitos nomes de pessoas em Israel como: Abi-ram (Meu Pai é elevado); Abi-ézer (Meu Pai é socorro); Abi-yah (Meu Pai é Javé); Abi-tub (Meu Pai é bondade); cf. GELIN, A. Les idées maîtresses de l'Ancien Testament. Paris 1950, p. 25.

que os autores sagrados sempre evitam, quando podem, a relação pai-filho para expressar a relação de Deus para com os homens[10]. Mas, apesar disto, a figura de Deus Pai emerge do transfundo da experiência própria que o homem vétero-testamentário fez de Deus.

A experiência-base é aquela do Deus que anda junto e assiste na caminhada (significado de *Jahweh*) dos pais. Por isso se apresenta como o "Deus de nossos pais", de Abraão, de Isaac e de Jacó. É o Deus que faz aliança com o seu povo e lhe entrega a Lei como expressão de seu pacto e caminho de santidade. É um Deus que se apresenta – fato curiosíssimo e único na história comparada das religiões – com um nome sem qualquer imagem, com conotação sem qualquer denotação: "Eu sou o que sou". Este é o nome verdadeiro de Javé, nome que não faz nenhum apelo à fantasia, ao onírico e ao simbólico e que, por isso, corta pela raiz toda tentativa de antropomorfismo e idolatria. "Se perguntarem como se chama, que lhes direi? Deus disse a Moisés: Eu sou o que sou. Isto dirás aos israelitas: O *Eu-sou-o-que-sou* me envia a vós" (Ex 3,13-14). Concluímos, pois, que Javé não foi experimentado, inicialmente, como Pai.

Entretanto a experiência de ter sido escolhido como um povo dentre os povos, de que Javé o libertou do Egito e assim o conquistou para si, permitiu a Israel designar Deus como Pai. Trata-se ainda de uma designação apenas pelo fato da criação do povo como povo. No Êxodo, Deus mesmo diz: "Meu filho primogênito é Israel" (4,22). Israel reconhece que sua existência, enquanto povo, é devida a Deus:

---

10. Cf. VRIEZEN, C.Th. *Theologie des Alten Testamentes in Grundrissen*. Neukirchen, s.d., p. 118-122.

"Não é Javé teu pai e teu criador, aquele que te fez e te constituiu?" (Dt 32,6; Nm 11,12; Is 63,16; 64,7; Ml 2,10).

Esta mera designação de Deus como Pai se aprofunda com os profetas. Eles desenvolveram um radical sentimento ético. Se Deus é Pai, nós nos devemos comportar como filhos submissos e obedientes. Mas não é isso que se vê. Então Deus mesmo, mediante a palavra profética, se declara como Pai: "O filho respeita seu pai e o escravo seu senhor. Ora, se eu sou Pai, onde está a honra que me é devida? E se eu sou Senhor, onde está o temor que se me deve? Palavra do Senhor dos exércitos" (Ml 1,6). A mesma queixa volta em Jeremias: "Não dizias tu: Tu eras meu pai, meu amigo de juventude? e continuas com comportamento de prostituta (Israel)" (3,4). E o profeta tenta reproduzir os sentimentos de Deus: "E eu havia pensado em contar-te entre os meus filhos, dar-te uma terra invejável, a pérola das nações em herança, esperando que me chamarias 'meu Pai' e não te afastarias jamais de mim. Mas como a mulher atraiçoa o marido, assim Israel me atraiçoou – oráculo do Senhor" (Jr 3,19-20).

O profeta, em nome, do povo arrependido, fala e aparece a declaração explícita de Deus como Pai compassivo: "Olha para baixo e vê a tua morada santa e gloriosa: Onde está o teu zelo e a tua força, tua entranhável ternura e compaixão? Não a reprimas, pois Tu és nosso Pai: Abraão não sabe nada de nós e Israel não nos reconhece; Tu, Senhor, és nosso Pai, teu nome desde outrora é nosso Salvador" (Is 63,15-16; 64,7; Jr 3,4). E Jeremias em nome de Deus expressa a prontidão do perdão paternal: "Efraim, filho querido, não é, porventura, ternamente amado por mim? Pois após cada uma de minhas ameaças devo sempre pensar nele, comove-se o meu coração, deveras me compadecerei dele – oráculo de Javé" (Jr 31,20). Como se depreende, a relação paterna de Deus é tão terna e familiar que Deus emerge não apenas como Pai, mas também como Mãe (cf. Is 49,15; 66,13); o homem se sente aconchegado como na casa paterna: "Quando Israel era ainda menino, eu o amei e chamei do Egito a meu filho" (Os 11,1).

Apesar de todos estes comovedores textos[11], o nome Pai para Deus não é para o AT determinante. É um nome entre outros tantos, mais frequentes e importantes, como Senhor, Rei, Juiz, Criador. Geralmente a expressão Pai aparece como apelativo de Senhor ou de outros nomes de Deus. A relação é sentida a partir do povo todo e não tanto a partir de cada pessoa. Nunca aparece, diretamente, na oração, a invocação Deus, meu (nosso) Pai[12]. A linguagem permanece sempre indireta, como uma promessa que iria, um dia, se cumprir. "Ele me chamará Tu, meu Pai, meu Deus e o rochedo de minha salvação" (Sl 89,27). Coube a Jesus de Nazaré introduzir esta novidade, e com isso levar até a sua mais profunda intimidade a relação religiosa do homem que se descobre filho ao experimentar Deus como Pai.

---

11. Veja este outro texto de Is 64,8: "Senhor, vós sois nosso Pai; nós somos a argila, e vós sois o oleiro; todos nós fomos modelados por vossas mãos".

12. Orígenes em sua *De oratione*, PG 11, 489-549, traduzida por HAMMAN, A. *Le Pater*. Op. cit., p. 50, reconhecia: "No AT não existe nenhuma oração que invoca Deus com o nome de Pai"... "Nunca Deus é invocado no AT conforme a experiência cheia de confiança que o Salvador nos transmitiu". J. Jeremias trouxe a confirmação minuciosa deste fato não só para o AT, mas também para o judaísmo tardio: *Abba*, op. cit., p. 19-33.

2. A originalidade da experiência de Jesus: *Abba*

Invocar a Deus como *Abba*-Pai-querido constitui uma das características mais seguras do Jesus histórico. *Abba* pertence à linguagem infantil e doméstica, um diminutivo de carinho (papaizinho) utilizado também pelos adultos a seus pais ou aos velhinhos respeitáveis[13]. A ninguém passava pela cabeça empregar esta expressão familiar e banal a Deus. Seria quebrar o sentido de respeito para com Javé e escandalizar os piedosos. E contudo Jesus, em todas as orações que chegaram até nós, se dirige a Deus com esta expressão, *Paizinho querido* (*Abba*). São 170 vezes que esta expressão é colocada pelos evangelhos na boca de Jesus (4 vezes em Marcos, 15 em Lucas, 42 em Mateus e 109 em João). E o Novo Testamento conserva a expressão aramaica *Abba* para guardar o acontecimento insólito da ousadia de Jesus (Rm 8,15; Gl 4,6).

Abba encerra o segredo da relação íntima de Jesus com seu Deus e de sua missão em nome de Deus. "Jesus dirigia-se a Deus como uma criancinha a seu pai, com a mesma simplicidade íntima, o mesmo abandono confiante"[14].

Evidentemente, Jesus conhece também os outros nomes de Deus da tradição de seu povo; não lhe tira a seriedade como se nota em tantas de suas parábolas onde Deus aparece como Rei, Senhor, Juiz, Vingador. Mas todas elas estão sob o grande arco-íris da incomensurável bondade e ternura de Deus como *Pai querido*. Todos os demais nomes

---

13. Veja a documentação em JEREMIAS, J. *Abba*, p. 62-63; *Neutestamentlicke Theologie*. Op. cit., p. 72; *Pai-nosso*, op. cit., p. 36-37.
14. JEREMIAS, J. *Pai-nosso*, p. 37.

são apelativos a Deus. Pai é o nome próprio de Deus. Ele recebeu esta revelação de Deus mesmo: "Todas as coisas me foram dadas por meu Pai e ninguém conhece o Pai senão o Filho e aquele a quem o Filho quiser revelá-lo" (Mt 11,27). Agora se cumpre, finalmente, a promessa escatológica feita por Javé a seu povo e que estava implícita no tetragrama *Jahweh*, revelado a Moisés: "Por isso meu povo reconhecerá o meu nome, compreenderá, naquele dia, que era eu que falava: Aqui estou eu" (Is 52,6)[15]. O nome *Jahweh* significa Eu-estou-aqui (sou eu que vos acompanho). O que isto significa, realmente, aparece agora com Jesus ao invocar Deus como *Pai querido. Abba* significa, portanto, Deus-está-em-nosso-meio, encontra-se junto dos seus, com misericórdia, bondade, ternura. Entreguemo-nos aos seus cuidados como a criancinha se entrega, confiante e serena, ao seu pai ou à sua mãe.

Jesus não apenas invoca a Deus como *meu* Pai querido, nos ensina também a invocá-lo como *nosso* Pai celeste, com a mesma confiança com que Ele o fazia. Destarte, com esta entrega infantil, abrimos as portas ao Reino dos Céus: "Se não tornardes a ser como crianças, não podereis entrar no Reino de Deus" (Mt 18,3). Agora este Pai não é apenas Pai dos fiéis como se rezava no Sl 103,13 (Assim como um pai sente carinho por seus filhos, assim sente o Senhor carinho por seus fiéis), mas Pai de todos indiscriminadamente, pois "Ele ama os ingratos e maus" (Lc 6,35) e "dá a chuva a bons e maus e o sol a justos e a injustos" (Mt 5,45).

---

15. A exegese destas passagens veja em LOHMEYER, E. *Vater-unser.* Op. cit., p. 27-30.

Esta proximidade e intimidade de Deus, contidas na expressão *Abba*, são idênticas à proximidade do Reino de Deus. Por isso o nome de Deus Pai pertence ao conteúdo da mensagem de Jesus, centralizada na temática do Reino[16]. Não são temas paralelos, a confiança irrestrita na providência do Pai e a entrega total à causa do Reino. Pelo contrário: a confiança que o homem adquire por saber-se nas mãos do Pai liberta-o das preocupações deste mundo, para suspirar pelo único necessário que é o Reino de Deus (Lc 12,30). A ideia do Pai providente (vosso Pai celeste sabe muito bem que necessitais de tudo isto – comer, beber, vestir: Mt 6,32) é inserida naquela mais vasta do Reino de Deus que está iminente e já começou a estourar mediante a mensagem, a gesta e a pessoa de Jesus: "Buscai, em primeiro lugar, o Reino de Deus e tudo o mais recebereis por acréscimo" (Lc 12,31). A bondade de Deus se revela agora completa: atinge não somente a criação (nenhum passarinho cai por terra sem a vontade do Pai; quanto a vós, até mesmo os cabelos todos da cabeça estão contados: Mt 10,29-30), mas principalmente a história que agora chegará à sua plenitude: "Não tenhais medo, pequeno rebanho, porque o Pai achou por bem dar-vos o Reino" (Lc 12,32).

---

16. Cf. RICOEUR, P. A *paternidade*. Op. cit., p. 407: "É a partir da categoria do Reino que devemos interpretar a da paternidade. Realeza escatológica e paternidade permanecem inseparáveis até na oração do Senhor; esta começa pela invocação do Pai e tem prosseguimento por pedidos, concernindo ao nome, ao reino e à vontade que *só* se compreendem na perspectiva de uma realização escatológica. A paternidade é, assim, situada na dinâmica de uma teologia da esperança. O Pai da invocação é o mesmo que o Deus da pregação do Reino, no qual o homem só ingressa quando se tornar como uma criança".

3. Deus Pai próximo e distante

Quando, pois, o cristão, a pedido de Jesus, reza *Pai nosso*, não pensa primeiramente num Criador, num Mistério abissal do qual tudo promana. Esta ideia não está ausente, mas não é a catalisadora da experiência religiosa. O novo reside na recuperação da experiência feita por Jesus e transmitida a nós pelos apóstolos de que Deus é aquele que está aí como um Pai que cuida de seus filhos, que tem um coração sensível aos nossos problemas, que seu olhar descansa sobre nossos sofrimentos e seu ouvido é atento aos nossos clamores. O homem não é um número, nem uma partícula perdida nos espaços infinitos que nos aterram, mas uma pessoa, alvo do amor carinhoso de Deus, cujo nome Ele conhece e guarda no coração. Aos cuidados deste Deus Pai ele pode confiar-se, entregar sua vida e sua morte, porque o que der e vier concorrerá para o seu bem.

Assim próximo do Pai, o homem se sente filho. Filho não exprime tanto uma categoria causal (o filho procede, fisicamente, do Pai), mas principalmente uma categoria de relação pessoal[17]. O filho é tanto mais filho quanto mais cultiva a intimidade e a confiança no Pai. Paulo o diz muito bem: "Como prova de serdes filhos, Deus enviou a nossos corações o Espírito de seu Filho que clama: *Abba*, Pai! De maneira que já não és escravo, mas filho, e, se filho, herdeiro por Deus" (Gl 4,6-7); "Não recebestes um espírito de escravos para recair no medo, mas recebestes um espírito de filhos adotivos com o qual clamamos: *Abba*, Pai" (Rm 8,15). Aqui, portanto, surge a nova comunidade dos irmãos

---

17. BOFF, L. Filhos no Filho. In: *A graça libertadora no mundo*. Petrópolis: Vozes, 1976, p. 220-230.

e das irmãs no Irmão maior que é Jesus; todos somos filhos no Filho, encorajados para clamar aquilo que o Filho Jesus clamava: *Abba*!

Como se depreende da dimensão vertical filho-Pai, passamos para a horizontal da fraternidade: juntos rezamos Pai *nosso*. Ninguém é uma ilha. Todos estamos inseridos na comunidade messiânica do Reino do Pai. O Pai de Jesus Cristo não é Pai somente de alguns, mas de todos os homens, especialmente dos pequeninos e pobres nos quais se esconde (Mt 25,36-41) e aos quais se revela (Mt 11,25) e que mais do que os outros suplicam o pão quotidiano.

A versão de Mateus que é aquela que rezamos diz ainda: Pai nosso *que estais no céu*. Esta explicitação tem vários sentidos[18]. Um primeiro quer enfatizar a natureza do Pai: Ele não está ligado a lugares sagrados, nem a uma raça. Nem concentra sua presença apenas no Templo, nem em Sion, nem no Sinai, nem nas montanhas, nem no deserto. Ele está para além de tudo, mas cobrindo tudo, e tudo penetrando, oferecendo sua bondade paternal a todos. Em seguida, se visa sublinhar a radicalidade do Pai. Ele não tem concorrentes, nem os Pais da fé e do povo, nem os pais terrenos. Antes, pelo contrário, toda paternidade no céu e na terra provém dele (Ef 3,14). Como diz o próprio Filho Jesus: "Um é o vosso Pai, o celeste" (Mt 23,9).

Mas existe um sentido ainda mais profundo e teológico: A expressão *que estais no céu* intenciona salientar a distância do Pai. Ele é, sim, um Pai próximo, compassivo e bondoso, mas é um outro Pai; não deve ser confundido com o pai terreno, pois Ele não prolonga simplesmente as carac-

---

18. Cf. LOHMEYER, E. *Vater-unser*. Op. cit., p. 39-40.

terísticas do pai carnal. Ele está do nosso lado, nossa vida e nossa dor não lhe são indiferentes, mas Ele continua o totalmente Outro. Ele "mora" no céu. Céu constitui o símbolo, dos mais primitivos das culturas humanas, para expressar a transcendência, a infinitude, aquilo que o homem não pode alcançar com as próprias forças. Céu se torna assim o símbolo arquetípico de Deus, o Altíssimo, em sua glória e em sua luz inacessível. Deus é próximo, por isso é *Pai* e tão próximo que é *nosso* Pai. Mas este Deus não é um tapa-buracos, encobrindo o narcisismo de nossos desejos infantis por uma proteção e consolo a qualquer preço. Esse Pai nos leva a esquecer a nós mesmos, nossos desejos e interesses e quer nos introduzir num reino de significações que estão para além do bem e do mal terrenos. O acesso a Deus Pai não é fácil como pareceria à primeira vista. É difícil, árduo e audacioso. Ele exige, como já o dissemos, fé, esperança e amor, capacidade de suportar as contradições deste mundo e, no mesmo respiro, poder exclamar *Abba*, Pai; implica lutar para transformar esse mundo, de reino de satanás, em Reino de Deus e tornar assim mais crível a invocação Pai nosso. Só um Deus assim próximo e assim distante pode, realmente, ajudar o homem no sentido de encontrar um caminho da vida terrena que desemboque e culmine no céu. O céu e não a terra é a pátria do homem[19].

Deus, e não este mundo com suas construções faraônicas e suas significações históricas, constitui "o lar e a pátria

---

19. São Gregório de Nissa em seu comentário sobre o Pai-nosso (PG 44, 1136-1148, na tradução de HAMMAN, A., op. cit., p. 116-117) tece bons comentários sobre o céu como nossa pátria. Santo Ambrósio, comentando a oração do Senhor no *De Sacramentis et Mysteriis* (PL 16, 450-454), diz a propósito do céu: "O céu é onde não há mais a ferida da morte".

da identidade humana". Qualquer proteção e cuidado confiante que a ideia do Pai possa produzir que não leve a este destino deve ser, teologicamente, desqualificada em nome do Pai de Jesus Cristo e do próprio Jesus. A invocação *Pai nosso que estais no céu* implica, no fundo, uma profunda profissão de fé de que o Deus, próximo e distante, seja o Deus vivo e verdadeiro, que contra todos os mecanismos de destruição e de morte a que está submetido o homem esteja construindo já agora o seu Reino que é de amor, bondade e fraternidade. Com estas reflexões já fizemos o passo para a segunda questão que nos propusemos a tratar: Como rezar hoje, dentro de nossa situação, por vezes sinistra, o Pai-nosso?

4. Como rezar o Pai-nosso num mundo sem pai?

Antes de mais nada, cumpre conscientizar alguns obstáculos de base que dificultam a recitação do Pai-nosso. Parece-nos que são fundamentalmente quatro: a gravidade da crise de sentido, a emergência de uma sociedade sem pai, as críticas contra a figura do pai e de sua função na religião por parte de alguns pensadores como Freud e Nietzsche e, por fim, a consciência da relatividade da nossa cultura centrada na figura do pai. Superando estes obstáculos, conquistamos o campo da fé dentro do qual a recitação do Pai-nosso recupera seu pleno sentido libertador.

Quanto à primeira dificuldade: há pessoas que foram de tal maneira golpeadas pelas negatividades da vida que já perderam a esperança e a fé; não veem sentido nenhum em erguer os olhos ao céu e rezar o Pai-nosso. Seria inautêntico e mentiroso. Para estes Deus não é vivido como Pai. *Fata nos ducunt*, diziam os antigos: a fatalidade nos conduz e somos dirigidos por dinamismos cegos. Há outros ainda que, comprometidos na luta contra as opressões deste mundo, sucumbem ao sentimento de impotência face à gravidade dos absurdos e das violências históricas contra a dignidade e a justiça e perdem a fé na capacidade de recuperação e libertação do homem. Dizem: estamos condenados a sempre nos devorar mutuamente, submetidos à lei do mais forte, embora sejamos perseguidos pelos sonhos de fraternidade, de liberdade e de igualdade. O cinismo e a desesperança matam a fé; a resignação torna o homem mudo diante de Deus, só tem interrogações a fazer a Deus, nenhuma súplica ou invocação.

Esta tentação é terrível e pode abater-se também sobre espíritos religiosos. Ela é superável na medida em que a pessoa logra ultrapassar o nível do sentimento religioso e caminhar pela senda da fé. O sentimento religioso se elabora sobre o *sentimento*: o desejo de proteção e o medo da punição[20]. Trata-se de uma estrutura arcaica, ligada aos rudimentos de nossa vida psíquica e social. Permanecendo dentro deste horizonte, Deus só poderá ser assimilado como Pai que protege ou Juiz que pune. Deus não é mantido em sua divindade, mas é instrumentalizado em função das necessidades humanas. Sua figura e função participam dos azares das necessidades humanas. A verdade é que há realidades contra as quais não nos podemos proteger; temos que enfrentá-las ou suportá-las. Deus não nos tira das ondas perigosas, mas pode nos dar coragem. Se o nosso Deus existe unicamente para tirar-nos das ondas e não para dar-nos coragem dentro das ondas, então esse Deus morre ou é nega-

---

20. Veja o lúcido estudo de RICOEUR, P. Religião, ateísmo, fé. In: *O conflito das interpretações*, op. cit., p. 368-389; cf. também EVELY, L. *Padre nuestro*. Madri, 1963, p. 23-48.

do, conforme morre nossa esperança e nos é negado um sentido existencial.

Consideramos acima que o Pai de Nosso Senhor Jesus Cristo não é um mero Deus protetor. Ele aconchega e tem um coração para os seus filhos; mas Ele está no céu e não na terra; esta distância é sempre mantida: por isso Ele é somente *nosso* Pai na medida em que o aceitarmos como o Pai dos céus. Para isso não há outro acesso a Ele senão pela fé como decisão da liberdade que instaura uma relação filial livre e não dependente. A fé nos faz acolher a bondade de Deus juntamente com a maldade do mundo. Para além da terra, nos céus, há um sentido para tudo, também para a contradição que aqui e agora nos rasga o coração e nos arranca lágrimas dos olhos. Deus continua Pai *nosso* apesar da aflição. Esta decisão da liberdade supera já o campo do sentimento religioso e inaugura o reino da fé. Trata-se, na verdade, de uma passagem da escravidão do desejo de proteção para a liberdade de viver para além dele; é o êxodo do "ai de vós" para a alegria do "bem-aventurados sois vós".

Esta fé nos é exigida pelo Pai-nosso. Esta fé foi vivida por Jesus. Confiou em Deus mesmo na máxima desesperança da cruz; foi fiel a Deus, apesar da contradição, da perseguição e da condenação.

O segundo obstáculo se baseia numa observação social: Estamos, como dizem alguns, "a caminho de uma sociedade sem pai"[21]. Todas as culturas, hoje vigentes, são patriarcais,

---

21. Trata-se do famoso livro de MITSCHERLICH, A. *Auf dem Weg zur vaterlosen Gesellschaft*. Munique 1963; uma apresentação e crítica do livro é feita por JURITSCH, M. *Sociologia da paternidade*. Petrópolis: Vozes, 1970, p. 134-141. Recomendamos vivamente este livro sobre a antropologia da paternidade em diálogo interdisciplinar.

mas em profunda crise. O progresso tecnológico impossibilita manter a dominação em estilo paterno. A imagem do pai trabalhador vai se esfumando; sua atividade profissional se torna cada vez mais invisível para o filho; a distância entre moradia e local de trabalho, a divisão social do trabalho, a situação de assalariado destruíram-lhe a autoridade. Ele é rebaixado a um funcionário da maquinaria sofisticada da sociedade. A ordem social não se encarna numa pessoa – o pai –, símbolo e garantia da ordem pública, mas em funcionários os quais, cumpridas suas funções, retornam às fileiras dos irmãos. "A sociedade patriarcal é substituída pela sociedade sem pai ou por uma sociedade fraternal que desempenha funções anônimas e é dirigida por forças impessoais"[22]. Nisso não vai nenhuma aberração. É a maturação de um processo social, abrindo uma nova fase da humanidade. Trata-se, portanto, de despedir-se do pai sem odiá-lo.

Neste quadro, que sentido tem rezar o Pai-nosso? Não é querer permanecer nos parâmetros de uma cultura já obsoleta? Embora estejamos entrando mais e mais numa sociedade com laços mais fraternos (é o *desideratum* mundial mais que uma constatação), não podemos, contudo, admitir que a figura do pai tenha sido anulada. Devemos distinguir o modelo da nossa ordem patriarcal, do princípio antropológico do pai. A expressão histórico-social da paternidade, como eixo organizador *deste tipo* de sociedade, pode variar, mas a constante antropológica paterna não se exaure nesta concretização. Ela possui uma função original inalienável como responsável pela primeira ruptura da intimidade mãe-filho e a introdução do filho no social. A figura

---

22. JURITSCH, M. *Sociologia da paternidade*. Op. cit., p. 137.

do pai não está condenada a desaparecer, mas a assumir novos papéis compatíveis com um mundo transformado. Ela continua sendo internalizada na psique dos filhos, constituindo-se em matriz mediante a qual eles assimilam, rejeitam e convivem com o mundo[23].

Freud nos ensinou que, para cada homem, a ideia de Deus é formada a partir da imagem do pai; o seu relacionamento com Deus depende do relacionamento tido com o pai. Se o pai concreto, dentro dos novos padrões de sociedade, viver uma suficiente sinceridade, fidelidade e responsabilidade para assim garantir aquela proteção que o filho precisa para propiciar um amadurecimento de seu eu, poderá novamente exercer a função de modelo já livre da impregnação da era patriarcal. Terá novamente exercido aquela função estrutural que é inerente à figura do pai dentro da sociedade humana. Esta base antropológica serve de trampolim para o filho elaborar sua imagem de Deus que seja fruto de uma fé adulta e não sedativo do instinto de proteção. Esse poderá ser invocado como Pai mesmo dentro das trevas na noite interior ou junto com a lamúria do sofrimento sem nome.

Estas reflexões já nos ajudam a entender e a obviar outra dificuldade vinda dos mestres da suspeita que são Nietzsche e Freud[24]. Eles levantaram uma série de críticas à religião do Pai a partir de uma hermenêutica dos despistes e mascaramentos que podem assumir duas pulsões profundas

---

23. Cf. o importante ensaio de C.G. Jung, *Die Bedeutung des Vaters für des Schicksal des Einzeinen*. Zurique, 1949.

24. Cf. ALVES, R. *O enigma da religião*. Petrópolis: Vozes, 1976 [toda a primeira parte dedicada à discussão das críticas de Freud, Marx, Nietzsche e outros].

da existência humana: o desejo e o medo. O desejo de proteção e os mecanismos de superação do medo podem criar uma linguagem sob a qual se escondem. Esta, entre outras, seria a religião. Ela possui, segundo eles, uma significação que escapa ao próprio homem religioso; ele vive numa ilusão, pois, pensando que está às voltas com Deus, sua graça, seu perdão, sua proteção e sua salvação, na verdade, está apenas domesticando e canalizando suas pulsões básicas. A suspeita do analista (como Freud e Nietzsche) deve poder detectar este mascaramento, separar as significações conscientes e canonizadas daquelas reais, mas inconscientes. Assim, para Nietzsche, a religião, especialmente o cristianismo, tem sua origem no ressentimento dos fracos frente aos fortes, nasce da impotência e da frustração, sendo uma espécie de "platonismo para o povo"; inverte os valores, no sentido de que o fraco se torna o forte, o impotente o onipotente e Deus o crucificado e derrotado[25].

Para Freud, na mesma esteira hermenêutica, a religião é uma neurose infantil coletiva e Deus "uma projeção compensadora do sentimento de desamparo infantil"[26]. Deus Pai seria um sucedâneo do pai, uma projeção e, por fim, uma ilusão mediante a qual o homem se sustenta com o sentimento de proteção e aconchego. O homem se liberta quando renuncia ao princípio do prazer (desejo) e assume o princípio de realidade (amor fati = aceitação do destino). Freud insiste em que todos passam pelo complexo de Édipo. O problema não é entrar nele, pois todos passam por ele; o

---

25. Trata-se das obras *Para além do bem e do mal* e *Genealogia da moral*.
26. Veja a obra de POHIER, J.M. *Au nom du Père*. Paris, 1972, onde se discutem os principais temas da fé cristã no quadro das questões levantadas por Freud.

problema é como sair dele, de uma forma humanizadora, e como integrá-lo na trajetória pessoal da vida. Na sua constituição básica, o Édipo assume a estrutura-raiz do desejo que é a megalomania e a onipotência. O desejo não tem limites. Assim, na fantasia, o Édipo se transfigura na imagem do pai ideal, detentor de todos os valores desejados pelo filho. Por isso, o filho imita e se fascina pelo pai. Quer ser como ele. Mas como não consegue sê-lo, que fazer? É possível sair do Édipo de várias maneiras: pelo recalque, identificação e sublimação que são formas malsucedidas e, na verdade, nunca realizadas totalmente. Há uma forma de sair com sucesso do Édipo que é pela demolição (dissolução ou destruição) do Édipo. Isso ocorre pelo reconhecimento do pai como mortal e como diferente do filho. O filho jamais será o pai; o pai deverá ser aceito como pai; isso faz o filho como filho. Não se trata, portanto, de recalcar nosso desejo, mas apenas de desmascará-lo, renunciando a sua onipotência infantil. O filho, destarte, interioriza a figura do pai sem anular-se como filho; ele mesmo se faz pai para si mesmo e consegue sua maturação humana. Desta forma o Édipo é reintroduzido integradoramente dentro da psique[27].

Com os dados que levantamos sobre a estrutura dialética da experiência de Deus como Pai próximo e distante, Pai *nosso* e simultaneamente Pai *que estais nos céus*, nos habilitamos a responder às críticas de Freud e Nietzsche. Efetivamente devemos conceder que pode haver uma forma patológica de se viver a fé num Deus Pai como evasão da paixão deste mundo e busca insaciada de consolo. Neste sentido

---

27. Cf. as judiciosas ponderações de RICOEUR, P. *A paternidade*. Op. cit., p. 391-394.

deve-se acolher a crítica dos dois mestres da suspeita; eles exercem uma função acrisoladora para a verdadeira fé. Por outro lado, se repararmos bem, a fé exigida pela oração do Pai-nosso nos quer exatamente libertar das pulsões arcaicas do desejo e do medo que nos mantêm escravos, que nos impedem de dizer com liberdade, como filhos, e não como crianças, *Abba*, Pai. São Paulo insiste que agora "não somos crianças menores, escravizadas na servidão dos elementos do mundo" (Gl 4,3) – nós diríamos escravizados ao desejo e ao medo –, mas somos filhos adultos. A relação que estabelecemos com Deus Pai não nasce de uma dependência infantil e neurótica, mas de uma autonomia e de uma decisão da liberdade.

Em Jesus notamos, diafanamente, esta atitude integradora do Édipo. Ele não vive um sentimento de castração diante de seu Pai, nem de uma dependência imobilizadora; ao contrário, ele tem sua missão própria, reconhece-se como Filho e reconhece o Pai como Pai celeste. Ele renuncia ao sonho da onipotência infantil, de querer usurpar os privilégios do Pai, ao reconhecer-se e acolher-se como Filho[28]. Por um lado sabe que tudo recebe do Pai (Jo 17,7); por outro sabe, pela relação de intimidade e de amor que mantém com Ele, que é um com o Pai (Jo 17,21). Essa relação livre do Filho Jesus face a Deus Pai liberta o campo para o relacionamento com os outros homens. Jesus mostrou um relacionamento totalmente livre e aberto, amando-os até à sacrificação da vida por amor a eles. A dimensão vertical emergia como fonte para dinamizar a dimensão horizontal. A liber-

---

28. Cf. as reflexões bem conduzidas de SURIAN, C. *Elementi per una teologia del desiderio e la spiritualità di San Francesco d'Assisi*. Roma 1973, 113-115.

tação dos homens não conflita com a relação para com Deus. Jesus mostrou que se pode estar profundamente ligado a Deus e radicalmente ligado aos homens; em outras palavras, a libertação das opressões humanas não necessariamente implica libertação da ideia de Deus Pai. Destarte fica claro que o cristianismo não nasce do ressentimento dos fracos contra os fortes, não é a religião da resignação e frustração, mas da hombridade, da coragem de sustentar os dois polos mais difíceis de serem sustentados – a fidelidade ao céu e a fidelidade à terra – da esperança contra toda a esperança. Em suas origens, foi uma religião de escravos e marginais, mas não para confirmá-los na escravidão e na marginalidade, mas para conduzi-los à libertação e à estatura da dignidade do homem novo.

A quarta dificuldade concerne à consciência da historicidade de nossa cultura centrada na figura do pai e nos valores masculinos. Será que invocar a Deus como Pai não é ser tributário a uma contingência que passa? Não poderíamos chamá-lo também de *Mãe* nossa que estais no céu? A questão não é sem interesse, embora seja árdua. Não queremos entrar minuciosamente no tema, como conviria[29]. O que podemos dizer é que a fé cristã ao rezar ao Deus Pai não pensa numa determinação sexual. Na verdade, quer exprimir a convicção de que subjaz à realidade toda um Princípio sem princípio, uma fonte originadora de tudo, sendo ela mesma sem origem. Quer dizer ainda mais: que este Princípio não é um abismo perdido nele mesmo, mas cheio de amor e comunhão. Esse Pai tem um Filho junto com o qual

---

[29]. Veja a exposição articulada em distintos registros. In: BOFF, L. *O rosto materno de Deus*. Petrópolis: Vozes, 1979.

dá origem ao Espírito Santo. Os Padres da Igreja quando comentavam o Pai-nosso viam na primeira invocação já a presença da SS. Trindade. Primeiramente porque é o Espírito do Filho Jesus que nos fez clamar *Abba*, Pai (cf. Gl 3,4; Rm 8,15). Em seguida, dizer Pai é já invocar, automaticamente, a realidade do Filho. Como dizia S. Cipriano em seu comentário ao Pai-nosso: "Dizemos Pai, porque fomos feitos filhos"[30], no Filho Jesus. Tertuliano alarga ainda mais o círculo incluindo a Mãe-Igreja: "Nós invocamos também o Filho no Pai, porque o Pai e eu, diz ele, somos um (Jo 10,30). Mas não esquecemos também a Igreja, nossa mãe. Nomear o Pai e o Filho é proclamar a mãe sem a qual não há Pai nem Filho"[31].

Quando dizemos Pai, portanto, queremos professar o último mistério que penetra e sustenta o universo dos seres, mistério de amor e comunhão. Esta mesma realidade expressa pelo símbolo do Pai poderia, igualmente, ser expressa pelo da Mãe. O Antigo Testamento nos revela também traços maternos de Deus: "Quero consolar-vos como uma mãe" (Is 66,13; Jr 3,19). O Papa João Paulo I disse que Deus é Pai, e, mais ainda, é Mãe. Não cabe aqui decidir a implantação desta terminologia feminina. A cultura, na medida em que se despatriarcaliza, se liberta também em sua simbologia masculinizante e abre o passo para aproximações de Deus pelo caminho do feminino. Também o feminino e a Grande e Bondosa Mãe são símbolos dignos e adequados para expressar a fé no mistério amoroso gerador

---

30. Cf. *De oratione dominica*, PL 4, 621-538 [na tradução de Hamman, *Le Pater*, p. 27].

31. *De oratione*, PL l, 1153-1165 [tradução de Hamman, *Le Pater*, p. 16-17].

de todas as coisas. Tanto a expressão Pai quanto aquela da Mãe apontam para a mesma realidade terminal.

Como rezar hoje o Pai-nosso? Com o mesmo espírito com que Jesus se dirigia ao Pai e com a mesma coragem com que o recitavam os primeiros mártires cristãos. Em meio às torturas invocavam o Deus onipotente e ao mesmo tempo o Pai misericordioso[32]. Jesus não viveu idilicamente. Sua vida foi um compromisso carregado de conflitos que culminaram com sua crucificação. Em meio aos dilaceramentos rezava ao seu Pai bem-amado; não lhe pedia ser poupado das tentações ou do cálice da amargura, mas fidelidade à sua vontade. Também para Ele Deus era, a um tempo, próximo e distante. O lamento clamoroso na cruz revela a experiência dolorosa de Jesus face à ausência do Pai. Mas, finalmente, sentia-o também perto: "Pai, em tuas mãos entrego o meu espírito!" (Lc 23,46)

Ao rezar o Pai-nosso, o olhar do cristão não se volta para trás em busca de um ancestral passado, mas para frente, na direção do qual nos vem o Reino prometido pelo Pai que está acima, nos céus. O para *frente* e para *cima* configuram a atitude de esperança e de fé num amor que se alegra com o Deus-Pai próximo, mas que ama também o Deus Pai distante. Esta atitude não aliena nem desumaniza. Situa o homem em sua grandeza de filho diante do Pai querido.

---

32. Veja a coleção de ditos. In: HAMMAN, A. *La Prière* – Les trois premiers siècles. Desclée, 1963, p. 158-160.

IV
Santificado seja o vosso nome

Em 1524 chegaram os primeiros franciscanos ao México. No átrio do convento São Francisco doutrinam alguns senhores principais. Violentamente condenam as antigas crenças religiosas. Nisso se levanta um sábio asteca e "com cortesia e urbanidade" manifesta seu desgosto em ver assim atacados os antigos costumes tão estimados por seus avós. Eis tópicos de sua resposta tirada dos "Diálogos con los sabios indígenas", em Portilla, M.L. El reverso de la conquista. México, 1970, p. 23-28:

> Vós dissestes
> que nós não conhecemos
> o Senhor do perto e do junto,
> Aquele de quem são os céus e a terra.
> Dissestes
> que não eram verdadeiros nossos deuses.
> Nova palavra é esta,
> que falais,
> por ela estamos perturbados,
> por ela estamos incomodados.
> Porque nossos progenitores,
> que foram, que viveram sobre a terra
> não costumavam falar assim.
> Eles nos deram
> suas normas de vida,
> eles os tinham por verdadeiros,
> prestavam culto,

honravam os deuses.
Nós sabemos
a quem se deve a vida,
a quem se deve o nascer,
a quem se deve o ser engendrado,
a quem se deve o crescer,
como se deve invocar,
como se deve rezar.
Ouvi, senhores nossos,
não façais nada
a nosso povo
que lhe acarrete desgraça,
que o faça perecer...
Tranquila e amistosamente
considerai, senhores nossos,
o que é necessário.
Não podemos estar tranquilos,
e certamente não cremos ainda,
não o tomamos por verdade,
embora vos ofenda.
É o que vos respondemos
à vossa palavra,
ó senhores nossos!

Para entendermos adequadamente esta petição do Pai-nosso – santificado seja o vosso nome – precisamos recuperar a experiência que lhe é subjacente. É aquela já delineada anteriormente em nossas reflexões acerca da oração do Senhor; basta-nos aqui tracejar seus contornos.

1. O grito de uma súplica

A petição arranca de uma constatação e de um desejo. Neste mundo, Deus Pai não é nem objetiva nem subjetivamente santificado e glorificado[1]. A situação objetivamente nega a honra de Deus por causa de suas profundas distorções internas quebrando a fraternidade entre os homens. Estes subjetivamente por suas prédicas e práticas blasfemam o nome santíssimo de Deus.

Faz-se primeiramente a cruel *constatação*: assim como se apresenta, a sociedade humana é corrompida em sua estrutura e em seu funcionamento; não há nenhum recanto em que ela se encontre sadia e simétrica; os conflitos e as tensões humanas não dinamizam o crescimento em direção à justiça e a um maior quociente de humanidade; em sua grande maioria, mostram-se antagônicos e destrutivos; todos vivemos no cativeiro que exaspera a ânsia de libertação sempre buscada e quase sempre frustrada; vivemos objetivamente numa situação de decadência estrutural e institucionalizada.

Não constatamos apenas analiticamente; julgamos também eticamente; defrontamo-nos com a presença tenebrosa da malícia e da ofensa a Deus; grassa o pecado que significa ruptura do homem com seu sentido transcendente e dilaceramento da tecedura social; não conseguimos mais ver a face do outro como irmão.

---

[1]. Orígenes em seu comentário ao Pai-nosso observa que esta petição pressupõe que o nome do Pai não seja ainda santificado: *De oratione*, PG 11, 489-549 [trad. de HAMMAN. A. *Le Pater expliqué par les Pères*. Paris, 1952, p. 58].

Por que a história chegou a isso? A resposta religiosa, denunciadora e acusatória, dirá: porque seus agentes se recusaram a definir-se face ao Absoluto; porque, lentamente, se perdeu a memória de Deus; porque, em seu lugar, se forjaram ídolos de toda a sorte; porque se amaldiçoou o nome de Deus. Não são poucos aqueles que, por causa da miséria do mundo, encontram motivos para blasfemar a Deus como o Jó bíblico; outros não toleram o silêncio de Deus face às injustiças contra os pequenos e, intencionalmente, o rejeitam, dizendo: um Deus impotente não nos poderá ajudar! Como magnificar seu nome?[2]

A constatação desta indigência básica faz eclodir o *desejo* em forma de súplica: santificado seja o vosso nome! É o grito dos seguidores de Jesus dirigido tanto a Deus quanto ao homem. Que Deus manifeste, finalmente, a sua glória! Que Deus Pai intervenha, escatologicamente, e ponha fim àquilo que viola e ofende a realidade divina! Que os homens possam viver de tal forma que honrem o seu nome e tenham a coragem de transformar o mundo a ponto de fazê-lo digno de ser o seu Reino!

Esta é a experiência que subjaz à petição – santificado seja o vosso nome – provocando um grito de súplica. Para entendermos melhor seu conteúdo, cumpre esclarecer os dois termos-chave: *santificar* e *nome*.

---

[2]. São Francisco em seu fino espírito pedia a seus frades que não contassem com tanta minúcia as misérias deste mundo para não criar motivos para queixar-se de Deus ou de blasfemar seu nome.

2. O significado dos termos "santificar" e "nome"

Santificar, biblicamente, é sinônimo de louvar, bendizer e glorificar; é tornar santo[3]. Santo tem como sinônimo justo, perfeito, bom e puro. Este sentido é verdadeiro, mas não recolhe o sentido-matriz de santo. Santo constitui uma categoria axial das religiões e das Escrituras e possui duas dimensões mutuamente implicadas. A primeira define o *ser* e a segunda o *agir;* uma articula um discurso ontológico (como é Deus? qual é a sua natureza?) e a outra um discurso ético (como age Deus? que gestos faz?). O termo santo aplicado a Deus quer expressar o modo próprio de seu ser. Deus santo significa então: o totalmente Outro, a outra Dimensão. Deus não prolonga o nosso mundo; Ele é outra Realidade; Ele significa uma ruptura de nosso ser e de nosso agir. As Escrituras dizem várias vezes que seu nome, vale dizer, sua natureza é santa (Is 6,3; Sl 99,3.5.8; Lv 11,14; 19,2; 21,8; Pr 9,10; 30,3; Jó 6,10). Ele habita simplesmente numa luz inacessível (cf. Ex 15,11; 1Sm 2,2; 1Tm 6,16). O que significa que Deus nos escapa totalmente; por isso o termo "santo" define negativamente a Deus: é Aquele que está do outro lado, separado (é o sentido etimológico de *sanctus*, *sancire* = ser cortado, separado, afastado). O Pai-nosso exprime esta ideia ao dizer: Pai nosso que estais no céu; o céu, como já consideramos, concretiza o inacessível para o homem, o infinito. São João diz: Pai santo (17,11). Ele é próximo (Pai) e distante (santo) ao mesmo tempo.

---

3. Veja o verbete Santo em De Fraine, no *Dicionário Enciclopédico da Bíblia*. Petrópolis, 1971, 1389-1393; um dos mais minuciosos estudos se encontra em KITTEL, G., PROCKSCH, O. e KUHN. K. *Theologisches Wörterbuch zum Neuen Testament* I, 87-116.

Este modo próprio do ser de Deus, diferente do nosso, impede qualquer idolatria, pois pela idolatria um pedaço do mundo é adorado como Deus; condena também qualquer manipulação de Deus, seja por parte do poder religioso seja por parte do poder político. A única atitude face ao Santo é de respeito, acatamento, reverência; estamos diante do Inefável, de uma Palavra sem sinônimos, de uma Luz sem qualquer sombra, de um Profundo sem fundo.

Em razão desta natureza diversa de Deus, a reação do homem diante do Santo é dupla, analisada minuciosamente por fenomenólogos da religião[4]: a de fuga e a de atração. Diante do Santo o homem se aterra, porque se choca com o Ignoto e o Abissal; quer fugir e desaparecer. É a experiência de Moisés diante da sarça ardente. Ouve a voz: "Afasta-te, porque o lugar que pisas é santo" (Ex 3,5). "Moisés tapou a cara com medo de olhar para Deus" (Ex 6,7). Mas ao mesmo tempo o Santo fascina e atrai; é pleno de sentido e repleto de luz. Moisés diante da mesma sarça diz de si para consigo mesmo: "Vou acercar-me e olhar este espetáculo tão admirável" (Ex 3,3).

Este é o sentido ontológico de santo. Existe ainda um sentido ético. Ele se deriva do ontológico, porque o agir (ético) resulta do ser (ontológico). Este Deus assim santo, quer dizer, assim distante, tão outro e tão para além de tudo o que podemos pensar e sequer imaginar, não é um Deus asséptico e neutro. Ele tem ouvidos e pode dizer: "Ouvi os clamores do meu povo, vi sua opressão, fiquei atento a seus sofrimentos" (cf. Ex 3,7). Toma partido; é a favor dos fracos e se opõe aos opressores; decide com firmeza: "Decidi liber-

---

4. O livro clássico é de OTTO, E. *Das Heilige* (O Santo), de 1931.

tar o meu povo da opressão e levá-lo para uma terra de promessas" (cf. Ex 3,17). O Deus bíblico e Pai de Nosso Senhor Jesus Cristo é um Deus ético: ama a justiça e abomina a iniquidade. Isaías o diz genialmente: "O Deus santo quer ser santificado na justiça" (5,16). Ele é absolutamente justo, perfeito, bom, só Ele é radicalmente bom (cf. Mt 19,17), puro, sem dobras e ambiguidades.

O Deus, ontologicamente distante (santo), faz-se eticamente próximo (santo): socorre o desvalido, quer ser a vingança do oprimido, identifica-se com os pobres. Deus mesmo supera o abismo que se interpõe entre sua realidade santa e a nossa realidade profana. Ele sai de sua luz inacessível e penetra em nossas trevas. A encarnação do Filho eterno historifica esta simpatia terna de Deus para com suas criaturas.

Se superou a distância que o separava (ontologicamente) dos homens, Deus quer que o homem também supere esta distância. Ele quer que ele seja santo assim como Ele, Deus, é santo (Lc 11,14; 19,2; 20,26): Sede perfeitos e misericordiosos como vosso Pai é perfeito e misericordioso, é o mandamento de Jesus (cf. Mt 5,48; Lc 6,36). Com esta afirmação se faz uma exigência da maior gravidade antropológica: a destinação última do homem é Deus. Só Deus é o utópico concretizado; quer dizer então que o homem não pode ser pensado e compreendido senão no horizonte da utopia. Ele vive no mundo e com o mundo, mas o mundo não lhe é adequado; é um ser histórico, mas sua dinâmica essencial reclama ruptura da história e realização na trans-história.

Esta compreensão deixa atrás de si todos os totalitarismos históricos, especialmente aquele marxista que entende o homem como um fazedor da história e redutível ao conjunto das relações sociais[5]. O convite – sede perfeitos e santos como vosso Pai é perfeito e santo – supõe uma irredutibilidade do homem com referência à sua infraestrutura e uma capacidade de extrapolação para além dos quadros da positividade histórica. Numa palavra: a vocação do homem é o céu e não a terra, é Deus e não o paraíso terrestre. Isto não significa que ele seja convidado a demissionar-se das tarefas históricas; antes, pelo contrário, deve levar a terra e a história juntas para o supremo ideal em Deus.

Resumindo esquematicamente o sentido da convocação – sede santos como Deus é santo – devemos dizer: o ser humano (homem e mulher) é vocacionado a participar onticamente (na ordem da natureza) de Deus e a imitar Deus eticamente (na ordem do agir). O ser humano encontra sua verdadeira humanidade na total extrapolação de si mesmo e na penetração na dimensão de Deus; é no outro e no totalmente Outro que ele encontra o seu verdadeiro eu. É o que significa ontologicamente ser santo como Deus é santo.

Como se fará isso? Novamente: sendo santo, eticamente, como Deus é santo, quer dizer, sendo justo, bom, perfeito e puro como Deus. Quem anda por esta senda, anda no encontro com Deus. Quem está longe da justiça e da bondade, situa-se longe de Deus, mesmo que tenha o seu nome continuamente em seus lábios.

Como se depreende, a categoria *santo* aplicada a Deus e ao homem separa e une ao mesmo tempo; separa, porque santo é um atributo exclusivo de Deus, definindo seu próprio ser em distinção do ser da criatura (mundo, homem,

---

5. É a famosa sexta tese de Marx contra Feuerbach (*Os pensadores*, 35. S. Paulo, 1974, p. 58).

história); une, porque o Pai santo é colocado como o ideal para o homem no qual pode chegar a sua plena humanidade; entre o homem e Deus não vigora apenas ruptura (ontológica), existe também a *comunhão*. O homem é santo na medida em que se relaciona e entretém laços de comunhão com o Santo. E Deus santo quer também se santificar no homem: "Quero me santificar em ti!" (Ez 28,22). A comunhão para além das oposições implica a mútua inserção do homem em Deus e de Deus no homem, como se expõe tão excelentemente no Evangelho de S. João (10,36; 17,17). É a lei universal da história da salvação que encontrou na encarnação sua suprema culminância.

Resta-nos considerar o significado de *nome*[6]. Entre muitos significados, ao nosso contexto do Pai-nosso interessa fundamentalmente um: o nome, biblicamente, designa a pessoa, define a sua natureza íntima. Conhecer o nome de alguém é conhecê-lo simplesmente (Nm 1,2-42; Ap 3,4; 11,34). A Moisés Deus revelou seu nome, isto é, se revelou assim como Ele mesmo é: como Aquele que acompanha o povo e está sempre presente (Eu sou o que sou: Ex 3,14); depois, especialmente com Isaías, revelou-se como santo, quer dizer, Aquele que transcende a tudo e, ao mesmo tempo, se compromete com os homens (Is 6,3). Com Jesus se revela definitivamente o verdadeiro nome de Deus: "Pai justo... dei-lhes a conhecer o teu nome" (Jo 17,26). Noutro lugar diz também Pai santo (Jo 17,11). Pai é o nome de Deus. Como Pai *santo* é o Deus que rompe as estreitezas da

---

6. Cf. BESNARD, A.M. *Le mystère du nom*. Paris, 1962. • Van den Bussche. *Le Notre Père* (La pensée catholique. Bruxelas, Paris), 1960, p. 47-55. • DUPONT, J. [verbete no *Dictionnaire de la Bible, Suppl.* v. 6, p. 514-641].

criação e habita nos céus; como Pai *justo* é o Deus que se compadece de nossa pequenez e arma a sua tenda entre nós. Na linguagem de Jesus: Deus é *Abba*, Pai de bondade e misericórdia.

3. O que quer dizer a petição: santificação libertadora

Tendo rastreado o significado de *santo* e de *nome*, podemos agora nos habilitar a entender melhor a petição: santificado seja o vosso nome. Ela quer dizer: Que Deus seja respeitado, venerado e honrado como Ele mesmo é, como Aquele que é o *Santo*, o Mistério impenetrável, fascinante e tremendo ao mesmo tempo, como Aquele que é *Jahweh* (Eu-sou-o-que-sou), nos acompanhando e assistindo, como Aquele que é *Abba*, Pai bondoso, próximo e distante, totalmente não manipulável pelos interesses humanos. O mínimo que podemos fazer diante de Deus é reconhecer-lhe a alteridade. Ele não é um homem, não se move no horizonte de nosso pensar, sentir e agir. Ele é o Outro e enquanto tal é a nossa raiz, a nossa origem e o nosso futuro. Não reconhecer alguém naquilo que ele é, como diferente de nós mesmos, reduzi-lo a um satélite de nosso eu, a um prolongamento de nossos desejos, isto é ofendê-lo profundamente. Implica negá-lo, sequestrar-lhe o direito de ser (e concretamente cada um é diferente), reduzi-lo a um clichê conhecido e preestabelecido.

Não santificamos o nome de Deus quando consideramos a Deus como um tapa-buracos nos fracassos humanos; Ele é invocado e lembrado apenas quando precisamos de ajuda face ao soçobro de nossos desejos infantis. Não veneramos a Deus, mas o nosso eu e colocamos Deus a serviço de nossos interesses. Deus não é reconhecido como o Outro que possui um valor inestimável em si mesmo por aquilo que é e não tanto por aquilo que nos pode ajudar. Enquanto estivermos fixados numa concepção do Deus-que-ajuda e da religião como coisa boa para o equilíbrio humano, não rompemos ainda com o círculo infernal de nosso egoísmo e não encontramos a Deus. Deus só se encontra e se venera na extrapolação de nossa vaidade, na superação do desejo que, como Freud o mostrou, possui as características da onipotência infantil. Ofendemos a Deus não pela negação, mas pela súplica egocentrada que implica um não reconhecimento de Deus como Deus, como diferente de nós mesmos e para além de nossas pulsões.

Não santificamos a Deus quando nossa linguagem religiosa (da piedade, da liturgia e da teologia) fala dele como se fora um Ente deste mundo sublunar: tudo sabe, tudo define, tudo estabelece da vontade de Deus como se tivéssemos tido uma entrevista com Ele. É o discurso da irreverência sob auras religiosas, não deixando margem para o Mistério, para o Desconhecido e o Inefável. Constitui uma forma de não santificar a Deus, um estilo de teologia e de compreensão da fé que domestica a revelação em dogmas, estreita o amor de Deus a prescrições, limita a ação do Espírito à Igreja e restringe o encontro com o Pai às práticas religiosas.

Não se santifica o nome de Deus levantando templos, elaborando discursos místicos, garantindo sua presença oficial na sociedade mediante os símbolos religiosos. Isso santifica seu nome santíssimo, somente na medida em que tais expressões articularem um coração puro, a sede de justiça e a busca da perfeição. Nestas realidades Deus mora; elas são o templo verdadeiro no qual não há ídolos. Bem dizia Orígenes, comentando esta petição do Pai-nosso: "Aquele que não se esforça por colocar em harmonia sua concepção de Deus com aquilo que é justo, este toma em vão o santo nome do Senhor Deus"[7]. A ética, portanto, constitui o critério mais seguro para sabermos se o Deus que pretendemos santificar é verdadeiro ou falso.

Santificamos o nome de Deus quando por nossa própria vida, por nossa ação solidária, ajudamos a construir relações humanas mais equânimes e mais santas que cortam o passo para a violência e a exploração do homem pelo homem. Deus é sempre violado quando se viola sua imagem e semelhança que é o ser humano; e é sempre santificado quando se restitui a dignidade humana ao expropriado e violentado.

É aqui que aponta o desafio de uma santificação libertadora, no esforço para gestar um mundo que, objetivamente, honre e magnifique a Deus pela boa qualidade de vida que se alcança produzir. Durante séculos os cristãos não consideraram central esta preocupação. A santidade se concentrava na pessoa, no domínio completo de suas paixões, na pureza do coração, na elevação do espírito, na entrega ao irmão e na submissão reverente ao sistema eclesiástico com suas hierarquias, cânones e vias de perfeição. Nisso tudo há valores inestimáveis e insubstituíveis; constitui tarefa permanente a santidade pessoal e a criação de um coração novo[8], segundo a mentalidade de Jesus. Mas este empenho não esgota o repto que é lançado aos cristãos; a

---

7. ORÍGENES. Op. cit., p. 59.

8. Veja o belo texto de 1Cor 6,9-11, onde se diz que fomos santificados e justificados no nome do Senhor Jesus Cristo e pelo Espírito de nosso Deus.

realidade não é só pessoal. É também social. E o social não pode ser entendido individualisticamente; deve ser compreendido socialmente, como tecido de relações, de poderes, de funções, de interesses às vezes antagônicos, assimétricos, iníquos, outras vezes simétricos, participativos e fraternos. Hoje é na dimensão social que Deus Pai é ofendido maximamente. É neste campo que importa santificar seu santo nome.

Santifica Deus na arena da história quem se dispõe a lutar com os oprimidos em busca de sua liberdade cativa; santifica o nome santíssimo do Pai quem se solidariza com as classes subalternas, entra no processo social, conflitivo e, sem ódios desagregadores, ajuda a construir laços mais fraternos na tecedura social. Impõe-se outra ascese do que aquela do *corpo*, a ascese de suportar a difamação, a perseguição, o cárcere, a tortura, a destituição do trabalho. Mais que o asceta, surge a figura do profeta e do político que se enfrentam com o poder abusivo, erguem a voz em nome da consciência e da santidade de Deus e gritam: não te é permitido! (Mc 6,18). Não oprimas teu irmão! (Lv 25,14) Hoje não são poucos os cristãos, especialmente nas comunidades eclesiais de base, que ensaiam esta nova santificação do mundo.

Jesus foi alguém que andou por esta trilha; Ele não era o anunciador do Reino para os pequenos espaços, só para o coração, mas para os quatro cantos de sua terra e para toda a gente. Importava a Ele não apenas um homem novo, mas um novo céu e uma nova terra. Não é sem razão que o Novo Testamento o apresenta como o Santo de Deus (Lc 4,34; Mc 1,24; Jo 6,69; At 6,69), isto é, aquele que purifica o mundo e fá-lo apto a glorificar a Deus. Religa o universo das coisas, das pessoas e da história ao Santo, tornando-o também santo[9].

Santificados o mundo e o homem, eclode a glória de Deus. Biblicamente glória e nome ocorrem frequentemente juntos: cumpre glorificar o nome de Deus! (Dn 3,43; Jo 12,28). Isto quer dizer: reconheçamos que Deus é Deus; rendamo-nos ao Pai santo como o Senhor da história apesar de todas as contradições! É importante que no mundo se tenha a consciência da verdadeira realidade divina, que os homens articulem um discurso religioso que evoque e comunique quem é, finalmente, Deus como origem, sentido e futuro absoluto de todas as coisas. Santificar o nome do Pai é tarefa primordial da comunidade dos seguidores de Jesus (Igreja). Ela celebra sua presença, sua grandeza, sua vitória; ela se constitui assim o sacramento do Pai e de sua glória no mundo. Santificar equivale a louvar, magnificar, glorificar a Deus contra todas as indicações em contrário; apesar de tudo, dos fracassos, das barbaridades sem conta, há suficiente manifestação de Deus na história para podermos identificá-lo e acolhê-lo. As lágrimas não matam o sorriso, e a amargura não estancou ainda a jovialidade do coração. Poder dizê-lo, reafirmá-lo e celebrá-lo sem cessar, eis uma das tarefas essenciais da comunidade cristã.

A petição – santificado seja o vosso nome – encerra ainda um componente escatológico. O homem constata historicamente que escapa de suas possibilidades construir

---

9. Para a Bíblia tudo o que é relacionado com o Santo (Deus) torna-se também santo por participação: o povo, o templo, os objetos sagrados (santos), a terra, as pessoas etc. Esta santidade não é jamais considerada em si mesma fora desta vinculação com Deus, fonte única de toda santidade: *tu solus sanctus*!

um mundo santo, perfeito, justo e puro. O que mais deseja é justiça, paz e amor, mas estas qualidades não conseguem morar permanentemente na terra dos homens. A justiça como a simetria entre as pessoas (e não apenas entre as funções e os papéis sociais) é sempre quebrada; a paz como equilíbrio entre o desejo e a satisfação, a ausência de antagonismos destruidores e o gozo da liberdade é sempre ameaçada; e o amor como doação e comunhão ao outro sucumbe facilmente ao mecanismo dos hábitos, ao fetichismo dos ritos e à coação da norma. Por isso a petição se transforma numa súplica para que Deus mesmo faça aquilo que a história não pode produzir: a santidade dos homens e da sociedade. Deus mesmo deve santificar o seu próprio Nome; Ele é convidado a manifestar-se e revelar sua onipotência libertadora e sua glória deslumbrante. "Eu mesmo santificarei meu grande Nome no meio das nações que vós haveis profanado... Não é por vossa causa que o faço, mas é por meu próprio nome..." (Ez 36,22-23). Este evento significará o termo escatológico da história. Então Deus será realmente Deus e nós verdadeiramente seus filhos. E todos cantaremos e glorificaremos e magnificaremos: Como é grande o Deus santo em nosso meio (cf. Is 12,6). Então não se suplicará mais – santificado seja o vosso nome –, pois Ele será para sempre santo.

V
Venha a nós o vosso Reino

A experiência nos tem mostrado que não é necessário dizer Senhor, Senhor para fazer o bem e para entrar no Reino. Em nosso trabalho concreto na fábrica e nos bairros temos tido exemplos de dedicação total e desinteressada de pessoas que não dizem Senhor, Senhor. Essas pessoas estão dispostas a sacrificar o emprego, a família e a si mesmas para o bem de todos. Nelas o Evangelho se faz presente e o Espírito se realiza.

Aprendemos a julgar as pessoas pelo que elas são e fazem e não pela instituição a que pertencem ou pela doutrina que declaram. Convidamos todos a fazerem o mesmo, se quiserem entender o que já entendia o Profeta Amós quando negava a eleição especial de Israel por parte de Javé e colocava a prática da justiça como a única fonte de salvação.

Assim é que entendemos a nossa luta e a nossa fé. Cremos que estamos construindo o Reino. Nós da pastoral operária e todos aqueles que lutam conosco. Não separamos as coisas e as pessoas. Não achamos que somos os melhores. Trabalhamos com todos em igualdade.

> Todos os que lutam pela construção do
> Reino habitarão nele. Não haverá privilégios.
> A justiça se baseará nos atos, e os que julgam
> através de dogmas serão condenados. Não
> haverá lugar para os que recusam seus irmãos
> em nome de uma doutrina e para os que se
> entendem salvos por herança.
> Edificarão casas e nelas habitarão, plantarão e
> comerão os frutos.
>
> (Comunidade Eclesial de Base Santa Margarida.
> São Paulo, pastoral operária.
> SEDOC 11 (1978), p. 362-363)

Com a súplica – venha a nós o vosso Reino – nos encontramos no coração mesmo do Pai-nosso. Ao mesmo tempo nos confrontamos com a intenção última de Jesus, pois o anúncio do Reino de Deus constitui o cerne de sua mensagem e o móvel de suas práticas. Para apreendermos bem o significado desta súplica – aquela que irrompe dos abismos mais profundos de nossa angústia e de nossa esperança – precisamos começar de longe e cavar fundo. Só então ela mostra sua radicalidade e novidade.

1. O que é o mais grandioso e radical no ser humano?

Mais do que a capacidade de pensar é a capacidade de fantasiar aquilo que distingue o homem do animal[1]. Este vive encerrado em seu habitat, espelha simplesmente o

---

1. Veja para isso as reflexões de ALVES, R. *O enigma da religião*. Petrópolis: Vozes, 1977.

mundo circundante. Só o homem interpreta a realidade, acrescenta sempre algo a ela, simboliza e fantasia sobre os fatos da história e do mundo. Há no homem um excesso de libido, não consumível totalmente em nenhuma prática concreta. Ele possui uma abertura permanentemente aberta, mesmo quando se relaciona com o mundo, com os outros e consigo mesmo; ela só encontra seu polo adequado quando se orienta para Deus, como aquele Absoluto, aquele Amor e aquele Sentido que plenifica todas as buscas.

Mais que um ser o homem emerge como um poder-ser. Esta sua potencialidade sempre virgem faz com que qualquer meta alcançada seja sempre um novo começo, ou melhor, se apresente apenas como um esboço e a realidade presente como antecipação de uma outra ainda por vir. Só o ser humano sonha no sono e na vigília com mundos novos, com relações cada vez mais fraternas e com um novo céu e uma nova terra. Só ele cria utopias. As utopias não são mecanismos de fuga fácil das contradições presentes. Elas pertencem à própria realidade do homem que é um ser que continuamente projeta, desenha o futuro, vive de promessas e se alimenta de esperanças. São as utopias que impedem o absurdo tomar conta da história, que desfatalizam os regimes de conservação e que abrem o presente para um futuro promissor. Os antropólogos falam que o homem é habitado por um princípio-esperança[2]. Ele se manifesta pela tensão, pela permanente busca do novo, do sem-fronteiras, pela contestação das situações de fato, pela expecta-

---

2. Veja as reflexões e a bibliografia em BOFF, L. *A ressurreição de Cristo – A nossa ressurreição na morte*. Petrópolis: Vozes, [4]1976, e *Vida para além da morte*. Petrópolis: Vozes, [5]1978, p. 17-26.

tiva, pelo amanhã, pelos sonhos de uma vida melhor, por um mundo onde não haverá mais dor, nem luto, nem pranto, nem morte, porque tudo isto passou (Ap 21,4) e pela esperança de um homem novo. Com o princípio-esperança topamos com o que há de mais profundo e radical no ser humano, com aquilo que jamais morre. Só morre o que é; o que ainda não é não pode morrer. A esperança é aquilo que ainda não é, mas se faz presente pelo desejo e é antecipado pelos anelos do coração.

Todas as culturas, das mais primitivas até as mais avançadas como as nossas de hoje, possuem suas utopias que constituem o nascedouro de todas as esperanças. Conhecemos aquelas de nossa tradição de fé judeu-cristã que falam da transfiguração do mundo presente com todas as suas relações; fala-se da reconciliação da natureza, "do lobo que habitará com o cordeiro, do leão que comerá palha com o boi, da criança que brincará com a serpente e não haverá mais dano e destruição" (cf. Is 11,6-9); Deus criará um coração novo e uma nova terra; "ninguém mais ensinará o seu próximo ou o seu irmão, dizendo: Aprende a conhecer o Senhor, porque todos conhecerão a Deus, grandes e pequenos" (Jr 31,33); então "não se passará mais fome, nem sede, nem a natureza fará mais mal" (Ap 7,16). Os tempos messiânicos são representados como tempos onde todas estas utopias ver-se-ão, finalmente, realizadas. "Naquele dia não me fareis mais nenhuma pergunta" (Jo 16,23), porque Deus dará a resposta a todas as intermináveis interrogações do coração.

Estas esperanças são tanto mais ardentes quanto mais cruas são as contradições deste mundo: "Os homens aprisionaram na injustiça a verdade" (Rm 1,18), "trocaram a verdade de Deus pela mentira..., encheram-se de injustiça, malícia, avareza, maldade, repletos de inveja, homicídio, contendas, engodos, malvadeza..., sem bom-senso e com coração sem misericórdia" (Rm 1,25.29-31). O pequeno é espoliado, o fraco tripudiado, o honesto ridicularizado, e estruturas históricas de injustiça e pecado pesam sobre todos.

Esta situação desafia, objetivamente, o poderio de Deus. Não é Ele o Senhor da criação? Como é que há tantas dimensões que escapam ao seu poder e à sua ordem? Sempre apareceram profetas que não deixaram morrer a esperança: um dia Deus vai intervir e recriar tudo em sua bondade original e elevar tudo a uma plenitude que o passado jamais sonhou. O Antigo Testamento está cheio de frases pregando: "O Senhor será rei para sempre!" (Ex 15,18); "Eu sou Javé, aquele que estará aí" (Ex 3,14); "Havereis de ver que eu sou Javé" (Is 42,8; 49,23; Jr 16,21, e 54 vezes em Ezequiel). São promessas que alimentam a esperança, sem entretanto modificar, em seus fundamentos, as condições da realidade conflitiva. Mas todas querem deixar claro: Deus não está alheio ao clamor que sobe aos céus. Ele está aí e vai mostrar o seu reinado!

Num primeiro momento, pensava-se, no Antigo Testamento, que o senhorio de Deus iria se manifestar no senhorio do Rei de Israel (2Sm 7,12-16). O rei faria a justiça ao pobre, restituiria o direito à viúva e defenderia o órfão, libertando assim o mundo de suas principais iniquidades. Mas dentro de pouco, todos os vícios do poder se manifestaram nos reis que deveriam ser representantes de Deus com o título de "Filho de Deus" (Sl 2,7; 2Sm 7,14), a ponto de as tribos perguntarem: "Que vantagem temos com Davi?" (1Rs 12,16). Os reis se perverteram arrastando empós de si todo o povo.

Numa outra fase da história do Antigo Testamento pensava-se que Deus reconciliaria o mundo mediante um bem regulamentado culto no Templo, com sua ordem sacerdotal, seus sacrifícios e prescrições de santidade. Deus reinaria a partir do Templo, aí os homens se encontrariam como que face a face com Ele (Ez 40-43). Mas os profetas denunciaram as ilusões de um culto sem a conversão, a fraternidade e a misericórdia (Am 5,21-24). O culto que Deus quer é a justiça e a libertação do oprimido (Is 1,17). O Deus vivo, antes de um Deus cúltico, é um Deus ético que abomina a iniquidade e se alegra com o direito.

Outro grupo, muito disseminado no tempo de Jesus, esperava a reconciliação universal mediante a apocalíptica. A apocalíptica (nas Escrituras há dois livros apocalípticos, o de Daniel e o Apocalipse de S. João) significa doutrina da revelação. Os apocalípticos buscavam a sabedoria secreta, acessível e revelada somente a alguns iniciados, mediante a qual interpretavam os sinais dos tempos antecipadores da revolução cósmica com a irrupção do novo céu e da nova terra. Ela virá de repente e inverterá todas as relações: os infelizes se tornarão felizes e os felizes infelizes, os pobres ricos e os ricos pobres, os desprezados honrados e os honrados desprezados. Com esta transmutação repentina virá o fim deste mundo e será inaugurado um novo céu e uma nova terra.

Enquanto os apocalípticos esperavam o Reino que viria por si mesmo, os *zelotes*, outro grupo de fervorosos, se dispunham a antecipá-lo mediante o uso da violência. Outros, os *fariseus*, profundamente piedosos, pensavam que com a estrita observância da Lei divina se aceleraria o advento da transmutação universal. Observavam tudo com uma obsessão neurótica e opressora sobre os débeis, no esforço de serem absolutamente fiéis e assim criarem as condições para a realização das promessas.

Mas tudo em vão. A súplica que se erguia a Deus era: Venha o teu Reino! Venha a plenitude dos tempos! (Mt 9,15; Mc 14,41; Gl 4,4). Cheios de confiança, os profetas proclamavam: O Dia do Senhor vem! (Jl 3,1-5; Is 63,4; Mq 4,1-5).

2. "Felizes os olhos que veem o que vós vedes!" (Lc 10,23)

É neste transfundo de esperanças e de angústias que se faz ouvir a voz de Jesus de Nazaré: "O prazo da espera expirou! O Reino de Deus foi aproximado! Mudai de vida. Crede nesta boa notícia" (Mc 1,15). Ele não promete, como todos os demais profetas antes dele: o Reino virá! Mas diz: o Reino já foi aproximado (Mc 1,15)[3]. Os sinais inequívocos de que o Reino já está em processo é que "os cegos veem, os coxos andam, os leprosos ficam limpos, os surdos ouvem, os mortos ressuscitam e os pobres são evangelizados" (Lc 7,22). Jesus havia feito tudo isto e manda dizê-lo a João Batista (Lc 7,21). O Profeta Isaías predissera estes sinais (Is 61,1-2); comentando-os Jesus diz peremptoriamente: "Hoje, se cumprem as Escrituras que acabais de ouvir!" (Lc 4,21).

Reino de Deus: eis a mensagem de esperança e de alegria, proclamada por Jesus. A palavra não fora muito usada no Antigo Testamento (Sl 22,29; 45,7; 103,19; 145,11; 1Cr 29,11; Dn 2,44; 4,28; 5,28), e no entanto ela constitui a palavra-geradora (*malkuta* em dialeto aramaico) da mensa-

---

3. KNÖRZER, W. *Reich Gottes, Traum, Hoffnung, Wirklichkeit*. Stuttgart, 1970. • NIGG, W. *Das ewige Reich, Geschichte einer Hoffnung*. Munique-Hamburgo, 1967, onde se historia a trajetória da ideia do Reino de Deus através dos séculos.

gem de Jesus. Reino não designa um território, mas o poderio e a autoridade divina que agora se fazem valer neste mundo, transformando o velho em novo, o injusto em justo e o enfermo em são.

Jesus nunca explicou, em forma de definição, o conteúdo do Reino[4]. Mas usa parábolas que não deixam dúvidas quanto ao seu sentido. É algo conhecido desde sempre e ao mesmo tempo escondido e apetecível. É como um tesouro escondido no campo. Quem o encontra, vende tudo para comprar o campo (Mt 13,44). É como uma pérola preciosa para cuja aquisição vale a pena sacrificar tudo (Mt 13,45), é como uma semente pequenina e que cresce e se torna grande a ponto de nela os pássaros se aninharem (Mt 13,31; Mc 4,26-32); é uma força que tudo transforma (Mt 13,33). A figura mais frequente é aquela da casa ou cidade de Deus, onde a gente senta para comer e beber (Lc 22,30; Mt 8,11). A gente é convidado à mesa pelo Senhor (Mt 22,1-14), a gente entra ou pode ser lançado para fora (Mt 5,20; 7,21; 18,3; 19,17.23; 25,21.23). Há chaves para entrar (Mt 16,19). Os que aí vivem são os filhos do Reino (Mt 8,12); aí há muitas moradas (Jo 14,2). A esta casa e a esta mesa todos são convidados, também os servos, os estropiados e os que estão à margem da vida (Mt 18,21-35); virão do Ocidente, do Oriente e também aí se assentarão (Mt 8,11) e os justos brilharão como o sol no Reino de seu Pai (Mt 13,43). Destas e de outras imagens se depreende que se trata de um sentido absoluto e pleno a que chegaram a criação e os homens.

---

4. Cf. LOHMEYER, E. *Das Vater-unser*. Zurique, 1952, p. 64-68. • JEREMIAS, J. *Teologia del Nuevo Testamento* – La predicación de Jesus. Salamanca, 1974, p. 119-132.

Cumpre reter estas três características principais do Reino anunciado por Jesus: ele é *universal*: abarca tudo; é libertação das dimensões infraestruturais como a enfermidade, a pobreza, a morte; é reestruturação das relações entre os homens, agora sem ódios e em plena fraternidade; é nova relação para com Deus que é Pai de todos, filhos bem-amados. Não se pode reduzir o Reino de Deus a alguma dimensão deste mundo, mesmo àquela religiosa; Jesus entendeu como tentação diabólica toda tentativa de redução do Reino a algum segmento da realidade (político, religioso, miraculoso: Mt 4,1-11). O Reino é *estrutural*: não só abarca tudo, bem como significa uma revolução total e estrutural. Não modifica a realidade pela rama, mas vai até as raízes e liberta totalmente. É *terminal*: porque possui um caráter universal e estrutural, implica com o fim do mundo. O Reino define a vontade última e terminal de Deus. Este mundo, assim como o vivemos e sofremos, encontra um fim; haverá um novo céu e uma nova terra onde habitará, finalmente, a justiça, a paz, a concórdia de todos os filhos na grande casa do Pai. Entendemos a exclamação de Jesus: "Felizes os olhos que veem o que vós vedes!" (Lc 10,23).

As esperanças mais arcaicas dos homens começam a se realizar. A utopia deixa de ser fantasia e futuro e se faz ridente concreção histórica. O Reino já está em nosso meio (Lc 17,20) e fermenta toda a realidade em direção de sua plenitude: "A hora escatológica (final e terminal) de Deus, a vitória de Deus, a consumação do mundo está próxima e, por certo, bem próxima"[5]. O Reino deve ser entendido como um processo: já irrompeu, se faz presente na própria

---

5. JEREMIAS, J. Op. cit., p. 126.

pessoa de Jesus, em suas palavras, em suas práticas libertadoras e ao mesmo tempo está aberto para um amanhã, quando então chegará a sua plenitude. Importa estar preparado. Nele não se entra mecanicamente. Cumpre mudar de vida. Daí se entendem as exigências de conversão feitas por Jesus. O Reino de Deus se constrói contra o reino de satanás e das estruturas diabólicas ainda vigentes. Por isso o conflito é inevitável e a crise necessária. Os homens são urgidos a tomar uma decisão. Os destinatários primeiros são os pobres. Neles se concretiza a nova ordem, não por causa de suas disposições morais, mas pelo fato de serem o que são, isto é, pobres, vítimas da fome, das injustiças e da opressão. Jesus com seu Reino quer pôr fim a esta situação humilhante; por isso é pelos pobres, contra a pobreza, que não terá mais lugar em seu Reino[6].

Neste contexto se entende a petição do Pai-nosso: Venha a nós o vosso Reino! Ela completa a anterior: Santificado seja o vosso Nome! Quando Deus tiver submetido a si todas as dimensões rebeladas da criação, quando tiver levado tudo ao seu termo feliz, então o Reino se completará e seu nome será bendito pelos séculos dos séculos. Tudo isto está ainda em curso. O Reino é uma alegria que se celebra no presente, mas, ao mesmo tempo, uma promessa que se realiza no futuro. É dom e é tarefa. É objeto da esperança. Orígenes o dizia muito bem: "O Reino está em nosso meio. É evidente que, aquele que reza – venha a nós o vosso Rei-

---

[6]. Cf. DUPONT, J. *Les béatitudes* II – La bonne nouvelle. Paris, ²1969, p. 53-90. • SAMAIN, E. Manifesto de libertação: o discurso-programa de Nazaré (Lc 4,16-21). *REB* 34 (1974), p. 261-281; esp. p. 279s.

no –, reza para que nele o Reino de Deus aumente, frutifique e chegue a termo"[7].

3. O Reino continua vindo

O Reino veio de uma forma plena na vida e na ressurreição de Jesus. Nele apareceu o homem novo, as relações santas entre os homens e com o mundo e se revelou também o destino da matéria, transfigurada em seu corpo ressuscitado. Mas o mundo continua ainda em suas contradições e violações. Nele impera o diabólico; ele pôde liquidar Jesus e continua a crucificar a muitos que se comprometem com a construção do Reino da paz, da fraternidade e da justiça. O fato da rejeição do Portador do absoluto sentido da criação que é Jesus nos faz pensar. Deus revelou o fim derradeiro de sua obra: ela é destinada a ser o seu Reino. Trata-se de um fim último trans-histórico que Deus realiza, apesar das recusas humanas. É como a semente da parábola: "Quer durma ou vigie, de dia ou de noite, a semente germina e cresce sem que o agricultor saiba como" (Mc 4,27). Mesmo a rejeição, a cruz e o pecado não são obstáculos definitivos para Deus. Os próprios inimigos do Reino estão a serviço do Reino, como os matadores de Jesus estavam a serviço da redenção humana, operada por Deus.

Mas a rejeição de Jesus Cristo por parte dos duros de coração mostra que há os "possíveis históricos". Há muitos caminhos que conduzem para a meta derradeira, até aqueles contraditórios. A história não é fatalmente orientada pela unicidade de um tipo de comportamento ou de um

---

[7]. *De oratione*, PG 11, 489-549, na tradução de HAMMAN, A. *Le Pater expliqué par les Pères*. Paris, 1952, p. 61.

tipo único de desenvolvimento. O próprio velho Marx (1881)[8] reconhecia que não se pode fazer uma teoria das leis da história, uma teoria das necessidades, sem fazer anteriormente uma teoria dos possíveis que são os campos de possibilidades práticas de uma determinada época histórica, campos que não permitem um único sentido, mas uma gama limitada de sentidos e de realizações. Portanto, existe sempre uma diversidade de possibilidades. A cruz de Cristo mostra como o homem pode, individualmente e em grupo, frustrar-se face ao sentido último da criação. Mas Deus é suficientemente poderoso e misericordioso para poder transformar a frustração em possível caminho de realização. Em sua globalidade, a criação não é desviada, porque Deus, definitivamente, vence e reina.

Há, pois, um fim trans-histórico assegurado e se chama Reino escatológico de Deus. Mas coexistem os absurdos intra-históricos, os possíveis históricos que permitem a negação e a grande recusa. Mas eles não conseguem fazer frustrar o desembocar feliz.

Crer no Reino de Deus é crer num sentido terminal e feliz da história. É afirmar que a utopia é mais real que o peso dos fatos. É colocar a verdade do mundo e do homem não no passado, nem totalmente no presente, mas no futuro, quando então se revelará em plenitude. Suplicar – venha o vosso Reino – é ativar as esperanças mais radicais do coração para que este não sucumba à brutalidade diuturna dos absurdos que acontecem em nível pessoal e social.

---

8. Veja a carta de Marx de 16 de fevereiro de 1881 a Vera Zassoulitch, citada por GODELIER, M. Marxisme, anthropologie et religion. In: *Epistémologie et marxisme*. Paris, 1972, p. 223-224.

Como virá o Reino de Deus? Para a fé cristã há um critério infalível, indicador da chegada do Reino: quando os pobres são evangelizados, vale dizer, quando a justiça começa a chegar aos empobrecidos, aos esbulhados e oprimidos. Sempre quando se recriam laços de fraternidade, de concórdia, de participação, de respeito à dignidade inviolável do homem, aí começa a brotar o Reino de Deus. Sempre que na sociedade se impuserem estruturas sociais que impeçam o homem de explorar o outro homem, que superem relações de senhor e de escravo, que propiciem mais simetria, aí começa a irromper a aurora do Reino de Deus.

Santo Agostinho, comentando o Pai-nosso, disse com sabedoria: "É pois a graça de bem viver que tu pedes, quando rezas: venha a nós o vosso Reino!"[9] É o bem viver do mundo que antecipa, acelera e já concretiza o Reino de Deus dentro da história. Este bem viver exige de muitos renúncias, entrega da própria vida e até o martírio. "As almas dos mártires, sob o altar, invocam a Deus com grandes gritos", nos diz Tertuliano a propósito desta petição do Pai-nosso: "Até quando, Senhor, Santo e Verdadeiro, ficarás sem fazer justiça e sem vingar nosso sangue contra os habitantes da terra"? (Ap 6,10). E continuava: "Eles obterão justiça no final dos tempos. Senhor, apressa a vinda do teu Reino!"[10]

Precisamos fazer-nos dignos da súplica "Venha a nós o vosso Reino!" No seguimento de Jesus tornamos verossímil sua ilimitada esperança ao mesmo tempo que a concretiza-

---

9. *Sermo* 56, 4-14, PL 39, 379-386 [tradução de HAMMAN, A., op. cit., p. 139].

10. *De oratione*, PL 1, 1153-1165 [tradução de HAMMAN, A., op, cit., p. 20].

mos no ziguezaguear de nossa vida. Bem nos advertia S. Cirilo de Jerusalém: "Aquele que se conserva puro nas ações, nos pensamentos, nas palavras, este pode suplicar: Venha a nós o vosso Reino!"[11]

A súplica – venha a nós o vosso Reino – é um apelo nascido da mais radical esperança que se vê, continuamente, contraditada, mas que não renuncia jamais, apesar de tudo, a esperar pela revelação de um sentido absoluto a ser realizado por Deus sobre toda a sua criação. Quem assim reza, entrega-se, cheio de confiança, àquele que se mostrou mais forte do que o forte (Mc 3,27) e que, por isso, tem o poder de transformar o velho em novo e inaugurar um novo céu e uma nova terra, onde reinará a reconciliação de todos com todos e com tudo. Nesta promessa, já agora podemos agradecer, porque o pedido – venha a nós o vosso Reino – está sendo ouvido e realizado: "Nós te damos graças, Senhor, Deus cuja soberania se estende sobre tudo, que és e que eras, porque assumiste o teu grande poder a fim de estabeleceres o teu Reino" (Ap 11,17).

---

11. *Catequeses mistagógicas*, PG 33, 1117-1124 [tradução de HAMMAN, A. op. cit., p. 107].

VI
Seja feita a vossa vontade...

... E a mulher que eu conhecia já há anos me chamou de lado e disse em tom de mistério: Padre, vou lhe mostrar um segredo. Vem! Entramos no quarto. Na cama seu filho. Um monstro. A cabeça enorme como a de um adulto. O corpinho como o de uma criança. Os olhos fitos no teto. A língua entrava e saía, como a de uma serpente.

Meu Deus! – exclamei eu como num gemido.

Padre, disse ela, eu cuido deste meu filho já há oito anos. Ele só conhece a mim. Eu gosto muito dele. Quase ninguém sabe. E arrematou: Deus é bom. Deus é Pai... E olhou, serena, para o alto. Seja feita a sua vontade assim na terra como no céu! Só disse isto. E disse tudo.

Saí sem dizer palavra. Cabisbaixo. Aterrado por causa do filhinho. Perplexo por causa da mãe. Só uma palavra me veio à mente: "Mulher, grande é a tua fé! (Mt 15,28).

Para entendermos esta terceira petição do Pai-nosso[1] – seja feita vossa vontade assim na terra como no céu – precisamos situá-la dentro do contexto das reflexões que conduzimos até aqui. Trata-se do homem que ergue o olhar para o alto e tem o rosto voltado para Deus. No meio da miséria deste mundo e da negação do sentido histórico, ousa gritar para o céu e professar: Pai nosso. O mundo não reconhece a Deus; blasfema seu santo nome (sua realidade). Cheios de ardente desejo suplicamos: Santificado seja o vosso nome! O novo céu e a nova terra já começaram com a vinda, a mensagem e a presença de Jesus; o reino já está em processo de realização; mas a plenitude, dolorosamente, ainda tarda. Em ansiosa expectação rezamos: Venha a nós o vosso Reino.

Por mais que o supliquemos e nos esforcemos por seguir as pegadas de Jesus, não percebemos a aproximação do Reino. O Anticristo continua com sua obra e o diabólico tem ainda seus seguidores. Podemos ser visitados pelo sentimento de desolação: Por que Deus tarda? Qual é, finalmente, a sua vontade? É neste contexto que tornamos a rezar: Seja feita a vossa vontade, assim na terra como no céu! Que significa esta petição? Importa saber qual é a vontade de Deus, como a nossa própria vontade se coordena com a vontade de Deus e qual é o valor da paciência histórica.

1. Qual é a vontade de Deus?

Esta constitui uma das perguntas mais fundamentais de todo homem religioso; ele se propõe cumprir a vontade de

---

[1]. Para uma exegese minuciosa desta petição, remetemos à bibliografia clássica referida nos capítulos anteriores: DIBELIUS, O.; LOHMEYER, E.; KUSS, O.; VAN DEN BUSSCHE, H.; HAMMAN, A.; JEREMIAS, J.; BROWN, R.E., e outros citados na bibliografia, no final do livro.

Deus; mas qual é esta vontade, concreta, para esta situação bem determinada? Onde encontrá-la?

Antes de buscarmos uma resposta, convém dar-se conta de uma experiência prévia, presente na petição "seja feita a vossa vontade assim na terra como no céu!" Quem assim reza dá por suposto que este mundo não faz a vontade de Deus e que a humanidade se encontra rebelada contra a vontade de Deus. Efetivamente, assim como se encontra a nossa história humana não pode corresponder à vontade de Deus; a justiça se acha amordaçada, os ricos se fazendo cada vez mais ricos à custa dos pobres, reduzidos cada vez mais a combustível do processo produtivo das elites econômicas e sociais. A poucos é dado ter um projeto de vida; a grande maioria não faz o que gostaria ou aquilo para o qual estaria talhada, mas o que lhe vem determinado por sua situação social. Há um protesto surdo e clamoroso que se ergue ao céu, provocado pelo excesso de sofrimento e de opressão do homem pelo homem ou dos poderosos em cima dos mais fracos. Não há fantasia que consiga exorcizar os fantasmas deixados nas mentes de milhões, quebrados pelas soluções e afogados pelas lágrimas. O homem tem uma dificuldade quase insuperável de se aceitar a si mesmo; o caminho que vai ao encontro do outro encontra obstáculos quase irremovíveis. Quem reza "seja feita vossa vontade" deverá ter superado toda a tentação de desesperança que esta situação implica.

Outras vezes se verifica um silencioso protesto do homem que se recusa a fazer a vontade de Deus. Existe a má vontade e o egoísmo que consiste em fazer a própria vontade, sem se questionar se ela se articula ou não com a vontade de Deus. Não raro o protesto é aberto como em tantos Jós da história que se recusam a admitir uma vontade soberana no quadro-negro das contradições que a história não consegue escamotear. Suplicar "seja feita vossa vontade" implica capacidade de descentrar-se de si mesmo, crer na força do amor de Deus apesar da malícia humana e confiar que a má vontade pode ser vencida pela misericórdia divina.

Devemos ouvir todas estas ressonâncias presentes nesta petição do Pai-nosso. Não pretendemos abordar os principais pontos da problemática que o tema da *vontade de Deus* envolve. Permaneceremos dentro do contexto da oração de Jesus, o Pai-nosso. Qual é a vontade de Deus para Jesus? A resposta apresenta três níveis que conviria distinguir e enfatizar.

a) A vontade de Deus é a instauração do Reino

Para Jesus a vontade inequívoca de Deus é a instauração do Reino de Deus. Por isso o anúncio do Reino constitui o tema-eixo de sua pregação, como já o consideramos anteriormente. Deus quer ser Senhor de sua criação e o é na medida que subjuga todos os elementos desordenados da criação (enfermidades, injustiças nas relações humanas, abuso de poder, mortes, numa palavra, pecado) e conduz tudo à sua plenitude. Então e somente então o Reino haverá sido instaurado. A libertação da criação e sua máxima magnificação é a meta da vontade inarredável de Deus. Jesus não apenas anuncia esta vontade de Deus; realiza-a por suas práticas. Neste sentido a petição – seja feita a vossa vontade – repete e reforça a anterior – venha a nós o vosso Reino. Lucas, na sua versão do Pai-nosso, omite esta petição, possivelmente porque ela nada acrescenta à segunda. Ademais o original grego diz: "*que aconteça* a tua vontade" (*genethéto*), uma expressão que se aplica também ao Reino.

No Evangelho de S. João, Jesus diz claramente: "Meu alimento é fazer a vontade daquele que me enviou e completar a sua obra" (4,34); noutro lugar assevera: "Não procuro minha vontade, mas a vontade daquele que me enviou" (Jo 5,30). E esclarece, dando um torneio à expressão Reino, por uma outra: "Esta é a vontade de quem me enviou, que eu não perca nenhum dos que Ele me deu, mas que os ressuscite no último dia" (Jo 6,39).

Não perder ninguém e levar cada um à plenitude da vida: É o que vem intencionado com a expressão Reino de Deus. São Paulo usa uma outra fraseologia para expressar a mesma ideia do Reino que Deus quer instaurar: "Deus deu-nos a conhecer o mistério de sua *vontade*, conforme o beneplácito que em Cristo se propôs, a fim de realizá-lo na plenitude dos tempos: Unir sob uma cabeça todas as coisas em Cristo, tanto as que estão no céu como as que estão na terra" (Ef 1,9-10). O Reino ou a vontade de Deus se realizam quando tudo chega à sua unidade e perfeição. A mediação para isto é Jesus Cristo anunciador e realizador da vontade e do Reino de Deus.

Este Reino está sendo construído contra o reino de satanás que representa toda sorte de oposição à vontade de Deus. Ele é o príncipe deste mundo (Jo 12,31; 14,30; 16,11; Ef 2,2), vale dizer, possui ainda poder e mantém sua organização. Em sua vida pública, por suas palavras e gestos, Jesus se enfrentou com ele (Lc 11,20; Mc 3,22-31); infligiu-lhe pesada derrota por ocasião da morte de cruz (Jo 12,31; 14,30; 16,11; 1Cor 2,8); mas ele persiste como o grande opositor (2Cor 4,4; 2Ts 2,7). No fim, entretanto, será vencido definitivamente (Ap 20,10).

Suplicar, neste sentido, que seja feita (venha) a vontade de Deus, é implorar que Deus mesmo realize seu Reino. Ele já o inaugurou, na oficialidade da história, com Jesus. Neste aspecto o Reino não depende dos homens; ele é Reino *de Deus;* Deus realizará seu plano eterno (Ef 1,4) que é fazer da criação o lugar de sua presença, de sua glória e de seu amor. Rezar – seja feita vossa vontade – é pedir que isso se faça logo; que Deus não tarde em fazer o que Ele mesmo se propôs!

b) A vontade de Deus: que o homem viva!

Consideramos a vontade de Deus enquanto é algo de Deus, seu Reino e seu desígnio. Esta vontade de Deus não possui apenas um aspecto objetivo; possui também seu lado subjetivo, enquanto é acolhida e realizada pelo homem. O Reino (vontade objetiva de Deus) constitui, fundamentalmente, um dom e um oferecimento. Deus sempre nos amou primeiro (1Jo 4,19). Entretanto o Reino e tudo o que vem de Deus possui a estrutura da pro-posição e não da imposição; é um aceno de um convite e não o mando de uma ordem. E isso é assim porque Deus é amor (1Jo 4,8) e a lei do amor é a entrega livre, o oferecimento sem violência e a aceitação na liberdade. Ao homem cabe abrir-se ao dom de Deus. As Escrituras chamam a este processo humano de conversão. Ela é necessária para que o Reino, efetivamente, venha ao nosso mundo e se torne histórica[2]. Por isso Jesus, em seu primeiro anúncio, proclama a vinda já em curso do Reino e, ao mesmo tempo, pede: Convertei-vos e crede nesta alviçareira notícia (Mc 1,15).

---

2. Cf. BOFF, L. *Paixão de Cristo, paixão do mundo.* Petrópolis: Vozes, ²1978, p. 28s.

A vinda do Reino não é mecânica, dispensando a colaboração do homem. O Reino é de Deus, mas deve fazer-se também do homem. Deus não salva o mundo e a humanidade sozinho. Associou a esta tarefa messiânica os próprios homens de tal sorte que um é sacramento de salvação para o outro. E esta associação é tão decisiva que de seu desempenho depende a salvação eterna do homem. Trata-se, portanto, de um *fazer* que será cobrado pelo juiz supremo, especialmente aquele fazer relacionado com a assistência, solidariedade e libertação dos oprimidos: "Todas as vezes que *fizestes* isto a um destes meus irmãos pequeninos, foi a mim que o *fizestes*..., quando *deixastes de fazer* a um destes pequeninos, foi a mim que não o *fizestes*" (Mt 25,40.45). Não basta dizer "Senhor, Senhor" e com isso decifrar o mistério escondido de Jesus sob a fragilidade de uma existência fraca e pouco messiânica; só se salva de verdade "quem fizer a vontade de meu Pai que está nos céus" (Mt 7,21). Qual é esta vontade? Não precisamos cavar longe e fundo: É viver o seguimento de Jesus, "ter os mesmos sentimentos que Ele teve" (Fl 2,5), orientar-se pelo espírito das bem-aventuranças e do Sermão da Montanha (Mt 5–7). Esta conversão comporta um verdadeiro renascimento e "quem não renascer de novo não poderá entrar no Reino de Deus" (Jo 3,3).

Deus, portanto, não quer a morte do pecador, mas que se converta e viva (Ez 18,23.32; 33,11; 2Pd 3,9). A vontade "boa, agradável e perfeita de Deus" consiste "em não entrar nos esquemas deste mundo, mas renovar-se com uma nova mentalidade" (cf. Rm 12,2). Numa palavra de Paulo que tudo resume: "A vontade de Deus é a vossa santificação" (1Ts 4,3). E temos a garantia de que "quem faz a vontade de Deus permanece eternamente" (1Jo 2,17). Temos ainda a promessa de que Deus não desampara o homem que busca e que "no tempo restante da vida terrestre procura viver não segundo as paixões da carne, mas segundo a vontade de Deus" (1Pd 4,2); Ele "nos arma com todo o bem para fazermos a sua vontade" (Hb 13,21), porque, finalmente, é Ele que "dá o querer e o fazer" (Fl 2,12).

Rezar, portanto – seja feita a vossa vontade –, significa: Seja feita *por nós* a vossa vontade; que sejamos fiéis ao vosso oferecimento e ao dom do vosso Reino, tentando viver conforme a novidade da mensagem, das atitudes e da vida de Jesus Cristo. Sempre que alguém faz a vontade de Deus, não somente para ele, mas também para o mundo, chegou o Reino de Deus[3].

c) A vontade de Deus: abandonar-se confiadamente

A vontade de Deus implica ainda um componente de paciência, abandono humilde ao mistério de Deus e até de resignação. Conhecemos a vontade de Deus: A realização do Reino por parte de Deus e por parte do homem. Mas este conhecimento não nos permite entender a protelação do novo céu e da nova terra. Por que Deus não realiza logo a sua vontade? Por que não faz com que os homens mais rapidamente vivam segundo as exigências do Reino? A história continua em seu ziguezaguear oneroso, com seus absurdos, com os mecanismos de injustiça e pecado e com as permanentes interrogações que o coração lança aos céus. Esta experiência se torna ainda mais angustiante quando nos damos conta de que, muitas vezes, os melhores projetos, as intenções mais

---

[3]. Esta é a interpretação preferida pelos Santos Padres em suas explicações do Pai-nosso. Veja HAMMAN. A. *Le Pater expliqué par les Pères*. Paris, 1952.

bem orientadas e as causas mais santas são derrotadas. Não raro, o justo é marginalizado, o sábio ridicularizado e o santo eliminado. Triunfa o frívolo, ganha a partida o desonesto e comanda os destinos de um grupo o medíocre.

Neste contexto rezar – seja feita a vossa vontade – exige abandonar-se ao desígnio misterioso de Deus. Há uma resignação que não é a escolha do caminho mais fácil, mas do caminho mais sábio, porque se mede a sabedoria verdadeira não pelos critérios de compreensão de nossa razão limitada, mas pelos parâmetros da sabedoria de Deus que está acima de nós como o céu acima da terra. Acolher o caminho misterioso de Deus, mesmo quando nada vemos e nada entendemos, exige renúncia de si, dos próprios desejos; demanda distância da própria vontade, mesmo orientada pelo mais honesto e verdadeiro. O titanismo de uma vontade que tudo arrosta, mas que não se entrega a um Maior, não expressa o mais humano que existe no homem. A grandeza do espírito é reconhecer a finitude de seus voos e a limitação de suas forças; esta condição humana abre a possibilidade para uma entrega humilde a um desígnio mais transcendente que nos envolve a cada um e a toda a criação.

Rezar – seja feita a vossa vontade – equivale a rezar: que se faça como Deus quiser! Nisso não há lamúria nem desesperança, mas entrega confiante como uma criança se entrega aos braços da mãe. Deus é Pai e Mãe de infinita bondade. Ele tem seu desígnio eterno; nós apenas temos projetos. Como crianças que não alcançam entender ainda todos os gestos dos pais nem todo o peso de suas palavras, assim também nós, enquanto peregrinamos, não abraçamos todas as dimensões da história nem podemos apanhar todo o sentido que ela realiza. Sem amargura reconhecemos a finitude de nossas vistas e nos entregamos Àquele que é o começo e o fim, em cujas mãos está o roteiro de todos os caminhos.

Este abandono é testemunhado pelos sábios antigos de nossa cultura ocidental como Sêneca, Epíteto, Sócrates, Marco Aurélio e outros[4]. Ele não está ausente no Antigo Testamento (cf. 1Sm 3,18; Tb 3,6; Sl 135,6; 143,10; Sb 9,17-18; 1Mc 3,60; 2Mc 1,3-4). Jesus, segundo o autor da epístola aos hebreus, "ao entrar no mundo, disse: Não quiseste (ó Deus) sacrifício nem oblações, mas me preparaste um corpo. Os holocaustos e sacrifícios pelo pecado não os recebeste. Então eu disse: Eis-me aqui, venho para fazer, ó Deus, a tua vontade" (Hb 10,5-7). No Jardim das Oliveiras, quando percebe a morte violenta como inevitável, Jesus se angustia profundamente. Mas prevalece o abandono sereno à vontade de Deus: "Pai, se queres, afasta de mim este cálice; contudo, não se faça a minha vontade, mas a tua" (Lc 22,42). Aqui se revela a profunda e real humanidade de Jesus. Ele, como nós, também é peregrino e "viator"; participa das ansiedades de quem não sabe, de um golpe, todas as coisas e cada passo da vontade de Deus.

Evidentemente, Jesus sabe qual é a vontade de Deus; mas, por causa de sua condição humana, ainda não entronizada na plenitude do Reino de Deus, onde tudo é transparente, tem de buscar, concretamente, qual é para agora e aqui a vontade de Deus. Que passo dar? Como realizar melhor a vontade de Deus conhecida? Jesus se defronta com os limites humanos e com a própria angústia. É vítima da sanha dos que não acolheram sua mensagem. Ele aceita esta situação; não apela para as forças celestes à sua disposição (cf. Mt 26,53). Neste contexto é iluminador o texto da

---

[4]. Cf. as devidas citações em LOHMEYER, E. *Das Vater-unser*. Zurique, 1952, p. 77.

epístola aos hebreus que testemunha esta aceitação de Jesus e que nós traduzimos tentando captar o espírito do original grego: "Cristo, durante sua vida mortal, apresentou Àquele que tinha poder para libertá-lo até mesmo da morte a súplica insistente de sua própria dor e de suas lágrimas; e foi ouvido precisamente enquanto aceitou a dor e as lágrimas com docilidade. E assim, embora fosse o Filho, aprendeu, com seu próprio sofrimento, que o destino do homem somente se alcança na *aceitação* (*hypakoé*). Além de conseguir este destino ao chegar à plenitude de seu ser (*teleiotheís*), se converteu em causa de salvação eterna para todos os que seguem seu caminho. Por isso Deus no-lo apresenta como Sumo Sacerdote" (Hb 5,7-9).

Não admira, pois, que a última palavra de Jesus, segundo S. Lucas, fosse uma exclamação de total abandono: "Pai, em tuas mãos entrego o meu espírito" (Lc 23,40). É a expressão da radical liberdade humana: Entregar-se a um Maior que detém o sentido supremo de todas as buscas e que sabe o porquê de todos os fracassos. A expressão tão cara ao nosso linguajar diário "se Deus quiser" possui uma raiz teológica profunda (cf. Rm 1,10; 15,32; 1Cor 4,11; 16,7.12; At 18,21; Tg 4,15). Ela supõe que o verdadeiro centro do homem não é o eu, mas o tu (divino); só andará bem quem se orientar por este centro; então a vontade de Deus acontece e o Reino já se aproximou[5].

---

[5]. Tertuliano, em seu comentário ao Pai-nosso (*De oratione*, PL l, 1153-1165), diz que "por esta petição nos admoestamos a nós mesmos à paciência"; Cipriano afirma: "Não que Deus faça o que nós queremos, mas que nós façamos o que Deus quer" (*De oratione dominica*, PL 4, 521-538). Veja HAMMAN, A. *Le Pater expliqué par les Pères*, p. 19, 33.

2. Assim na terra como no céu

Na linguagem do Oriente Médio e do Antigo Testamento céu e terra querem exprimir, espacialmente, a totalidade da criação de Deus (cf. Mt 5,8; 24,35); por isso Deus é "Senhor do céu e da terra" (Mt 11,25) e o Cristo ressuscitado recebeu o poder sobre o céu e a terra (Mt 28,18). Suplicar – seja feita a vossa vontade assim na terra como no céu – significa: Fazer a vontade de Deus em todos os lugares e sempre. O Reino de Deus não é nem será uma região da criação, mas a criação toda (céu e terra) transfigurada. A vontade de Deus cobre, portanto, a totalidade de sua criação. Por outro lado, a conversão do homem, sua santificação (realização da vontade de Deus por parte do homem) não pode restringir-se a uma que outra dimensão da vida humana, somente ao coração, exclusivamente ao campo religioso e ético; a santificação deve ocorrer em todas as esferas em que se desdobra a existência.

Hoje somos especialmente sensíveis ao pecado estrutural e às injustiças sociais; isto importa na realização da santidade nas relações sociais, nos mecanismos econômicos, políticos e culturais; nenhum espaço deve ficar fechado à transformação intencionada pelo Reino de Deus; em tudo deve começar a fermentar a novidade do novo céu e da nova terra. Estas exigências estão encerradas na expressão "assim na terra como no céu", vale dizer, fazer a vontade de Deus em tudo e em todas as dimensões.

Por outra parte, a correlação *assim* na terra *como* no céu nos permite enriquecer a interpretação dada acima. Consoante a concepção bíblica, Deus já agora reina no céu. Aí Ele tem o seu trono (Is 66,1; Mt 5,34-35; Sl 103,10-21); todos os habitantes do céu (anjos e justos) fazem plenamente a vontade de Deus como o Sl 103 o diz explicitamente. A terra é o lugar onde a vontade de Deus é ainda contradita, onde Deus exercita sua longanimidade e paciência histórica (cf. Rm 3,27). A súplica quer então dizer: Assim como no céu já se faz a vontade de Deus, que se faça quanto antes na terra também. Que o Reino, já vitorioso no céu, venha se instalar também na terra! Orígenes comenta excelentemente esta petição: "Se a vontade de Deus for feita na terra como o é no céu, a terra não fica mais terra..., então todos seremos céu"[6].

Tudo então terá chegado à plena reconciliação: O céu terá baixado à terra e a terra terá sido alçada até o céu. E então será o fim: Deus será tudo em todas as coisas (1Cor 15,28). Enquanto isto não acontecer, cabe sempre e em todo o lugar a súplica: Venha a nós o vosso Reino. Seja feita a vossa vontade, assim na terra como no céu!

---

[6]. ORÍGENES. De oratione, PG 11, p. 489-549 [traduzido por HAMMAN, A. *Le Pater*, op. cit., p. 68].

VII
O pão nosso de cada dia nos dai hoje

Bem cedo, como todas as manhãs.
Meninos disputam com cães
em volta do latão de lixo.
Mexem e remexem,
tiram e põem
os restos de comida do lixo.
E repartem com os cães
o pão apodrecido do lixo.
Num mundo cão,
sem coração,
eis a forma que Deus encontrou
para atender à oração
dos miseráveis pequenos famintos:
o pão nosso de cada dia nos dai hoje!
Naquele dia, não,
naquela semana,
o pão de nossa mesa
não era o mesmo.
Era pão amargo,
cheio das blasfêmias dos pobres
que para Deus são súplicas.
E só voltou a ser doce e bom,
quando foi repartido
com aqueles famintos,
meninos e cães.

Com esta petição se produz uma virada na oração do Senhor. Na primeira parte o olhar se dirigia ao céu: à realidade divina de Deus como Pai, transcendente (nos céus) e ao mesmo tempo próximo (nosso) que deve ser sempre santificado, ao Reino que deve vir e se historizar entre os homens, realizando assim a vontade última de Deus; o tom era solene e as frases cadenciadas. Agora na segunda parte o olhar se volta para a terra e para o homem em suas necessidades: o pão necessário à vida, o perdão às quebras da fraternidade, a força contra a tentação e a libertação do mal; as frases são longas e o tom traduz a aflição em que se encontra a vida humana. Na primeira parte trata-se da causa de Deus; na segunda da causa do homem. Ambas são objeto de oração. Nesta segunda parte não notamos nenhuma mistificação ou espiritualização: é a vida humana em sua concreção histórica, infraestrutural, biológica, social e sempre ameaçada. Ela não preocupa somente o homem; interessa também a Deus. Por isso é feita material de oração e de súplica. Não há, portanto, concorrência nenhuma entre o vertical de Deus e o horizontal do homem. Ambos se encontram sob o arco-íris da oração. A união inconfundível do material com o espiritual, do humano com o divino constitui a força do Mistério da Encarnação. No Reino de Deus se encontram abraçados matéria e espírito, homem e cosmos, criação e Criador. Não nos admira, pois, se na oração do Senhor uma e outra coisa venham unidas; ao lado do mais sublime deparamos com o mais banal. O que é quotidiano, evidente e banal como o pão tem o seu direito tanto diante de Deus quanto diante do homem. O Pai-nosso reafirma vigorosamente esta verdade contra todos os espiritualismos[1].

1. O pão: a dimensão divina da matéria

A petição começa com a palavra pão. Precisamos ouvir a palavra nua e crua antes de ouvirmos as qualificações que a acompanham (nosso, de cada dia). A palavra *pão* possui um conteúdo de significação dos mais profundos; aí se resume parte importante da antropologia, vale dizer, da doutrina sobre a realidade humana. Pão exprime mais do que o conglomerado físico-químico. Ele é símbolo do alimento humano, "do alimento necessário e suficiente", como se diz nas Escrituras (Pr 30,8) ou do alimento simplesmente (Sl 146,7; Lv 26,5; Eclo 9,7; Ecl 31,27; Pr 6,8). O pão é "pão da vida" (Jo 6,35). A vida humana está indissociavelmente ligada a uma infraestrutura material. Por mais altos que forem os voos do espírito, por mais profundos os mergulhos da mística, por mais metafísicos os pensamentos abstratos, o ser humano sempre depende de um pouco de pão, de um copo de água, enfim de uma pequena porção de matéria. A infraestrutura material é tão importante que ela se encontra, *em última instância*, na raiz e na base de tudo o que se pensar, projetar ou fizer. É como o fundamento de um edifício: a ele estão referidos, em última instância, tanto os an-

---

[1]. Os comentários dos Santos Padres privilegiaram uma interpretação espiritual desta petição, à exceção de Teodoro de Mopsuéstia. No pão viram logo Jesus Cristo e a Eucaristia; veja para isso HAMMAN, A. *Le Pater expliqué par les Pères*. Paris, 1952. Nos comentários posteriores veja a coleção de textos onde predomina também a interpretação espiritual: BECKER, K. & PETER, M. *Das heilige Vater-unser Ein Werkbuch*. Friburgo i.B., 1951, p. 224-250.

dares todos, quanto cada objeto que se encontrar nas salas, as pessoas que moram nele. Ele é a condição de possibilidade de que tudo exista e persista. Assim é com o alimento humano simbolizado no pão: a vida depende dele, de sua materialidade opaca, de sua substância material. A vida é mais do que o pão, mas em nenhum momento pode dispensar o pão. Em termos teológicos a infraestrutura humana é tão importante que Deus associou a salvação e a perdição ao atendimento justo e fraterno que fizermos dela ou não. Assim seremos julgados definitivamente pelo Juiz Supremo pelos critérios da infraestrutura: se tivermos ou não atendido o faminto, o nu, o sedento e o encarcerado. No pão, na água, nas vestes, na solidariedade se joga, finalmente, o destino eterno do homem (cf. Mt 25,31-40).

O estômago possui, portanto, seu direito assegurado face à importância do coração e da cabeça. Nenhuma oração, nenhum ato espiritual dispensa o pão e o trabalho, muitas vezes oneroso, de ganhá-lo e de trazê-lo para a mesa dos famintos. Também nenhuma pia palavra matou a fome de um esfaimado. Deus quis que ganhássemos o pão com o trabalho que implica tempo, suor, lágrimas e um certo distanciamento de Deus, porque nos ocupamos com a terra e não com o céu. Deus quis que não houvesse apenas a sua causa, o seu Reino, a sua vontade, o seu nome, mas também a causa do homem, suas necessidades, sua fome, suas urgências de proteção e de salvação. O homem não está aí somente para Deus. Está também para si mesmo. É Deus que o quis assim. Ao rezar ele deve incluir tudo e apresentá-lo ao Pai, a causa de Deus e a causa do homem[2].

---

2. Veja as boas reflexões de EBELING, G. *Sulla Preghiera* – Prediche sul Padre Nostro. Brescia, 1973, p. 51-55.

Se observarmos atentamente percebemos que na oração do Senhor se verifica uma troca. Nas três primeiras petições (santificação do nome, vinda do Reino, realização da vontade divina) é o homem que se ocupa e preocupa com a causa de Deus. Nas quatro outras petições (pão, perdão das ofensas, tentação e libertação do mal) é Deus que se ocupa e preocupa da causa do homem. Estas duas dimensões não devem jamais ser dissociadas, porque o Senhor as uniu em sua oração. Não precisamos nos envergonhar de nossas necessidades; a fome preocupa a Deus; Ele quer atender a súplica do homem e saciar a boca faminta. Destarte a vida, o dom mais precioso que recebemos de Deus, é assegurada. A matéria, pois, é portadora de uma realidade divina; ela é sacramental; isto é tanto mais evidente quanto é certo que para as Escrituras o pão constitui o símbolo histórico do Reino de Deus representado como uma grande ceia; é o sinal temporal do alimento eterno que garantirá a eternidade da vida; o pão carrega a promessa da plenitude da vida; mais ainda, ele é a presencialização já agora, no meio do caminhar dos famintos e dos peregrinos, daquele pão que sacia completamente a fome salvífica do homem, vale dizer, de Jesus e de seu Reino. Tudo isto está presente na pequenina palavra, quotidiana, natural e simples: *pão*.

2. Nosso: o pão que traz a felicidade

A necessidade do pão é individual; sua satisfação, no entanto, não pode ser individual, mas comunitária. Por isso não se reza: o pão *meu*, mas o pão nosso. Nisso vai um profundo significado presente na pregação de Jesus. É verdade que o Antigo Testamento conhece a satisfação individual: "Come com alegria o teu pão" (Ecl 9,7); "reparte o teu pão com o faminto" (Is 58,7). Mas com Jesus se alcançou a plena consciência da fraternidade humana[3]. Temos um Pai que é de todos os homens, por isso é *nosso* Pai; somos todos filhos e por isso todos irmãos. A mera satisfação pessoal da fome sem tomar em consideração os demais irmãos seria quebra da fraternidade. O homem não quer apenas matar a fome e sobreviver de qualquer maneira. Comer nunca significa um mero nutrir-se; é sempre um ato comunitário e um rito de comunhão. Não come feliz, não se alimenta humanamente quem mata a fome vendo a miséria dos outros e os lázaros sentados ao pé da mesa esperando os restos de nossa abundância. O pão quotidiano produz a parca e necessária felicidade da vida. Toda felicidade para ser felicidade precisa comunicar-se e ser compartida. Assim é com o pão: é pão humano enquanto é pão repartido e feito laço de comunhão. Então traz felicidade e sacia a fome humana.

O pão que consumimos diariamente esconde toda uma rede de relações anônimas que sempre devem ser recordadas. Antes de chegar à nossa mesa, passou pelo trabalho de muitos braços. Foi semente jogada na terra; houve quem tomou o cuidado de seu crescimento. Muitas mãos colheram os grãos ou muitos dedos manejaram potentes máquinas. Outras tantas mãos amassaram o trigo e confeccionaram o pão. Milhares de postos de distribuição. Em tudo isto vai grandeza e miséria humana. Pode ter havido relações de exploração; há lágrimas escondidas em cada pão que se come tranquilamente; mas há também sentido de fraternidade e de partilha. O pão quotidiano encerra todo o universo humano em sua luz e em sua sombra.

---

[3]. Veja as pertinentes reflexões de BARTH, K. *Das Vater-unser*. Zurique, 1965, p. 76-79.

O pão que é produzido junto deve ser repartido junto e consumido junto. Só então podemos, verdadeiramente, pedir o pão *nosso* de cada dia. Deus não escuta a oração que apenas pede o pão para mim. A relação verdadeira para com Deus depende da relação que mantivermos para com os outros. Deus quer que ao apresentar-lhe as nossas necessidades incluamos também aquelas de nossos irmãos. Caso contrário estaríamos desligados da fraternidade e viveríamos no egoísmo. A mesma necessidade básica nos iguala a todos; a satisfação coletiva nos confraterniza.

O pão que comermos, fruto da exploração do irmão, não é pão abençoado por Deus. É pão que apenas nutre, mas não alimenta a vida humana que é somente humana enquanto vive na reta ordem da justiça e da fraternidade. O pão injusto não é nosso, mas é roubo; pertence ao outro. Bem dizia o grande místico medieval Mestre Eckhart: "Quem não dá ao outro o que é do outro não come o seu próprio pão, mas come o seu e também aquele do outro"[4]. Os milhares de famintos de nossas cidades e os milhões de esfaimados de nosso mundo acusam a qualidade do nosso pão: é pão amargo porque contém dentro de si demasiadas lágrimas de crianças; é pão duro porque encerra em sua substância o tormento de tantos estômagos vazios. Ele não pode ter a dignidade de ser considerado o *nosso* pão. O pão para ser nosso exige que transformemos o mundo e libertemos a "sociedade de seus mecanismos de riqueza feita à *custa* do pão tirado da boca do outro. O pão nos convoca para a conversão coletiva. É a condição necessária para que nossa oração

---

4. *Magistri Echardi Tractatus super oratione dominica*, em *Werke* V/l-2 (editor E. Seeberg), p. 103-128, aqui p. 120.

não seja vazia e farisaica. O evangelho me interdita pedir para mim somente, com descaso das necessidades dos irmãos que estão à minha volta. Unicamente o pão *nosso* é pão de Deus.

3. De cada dia: o pão necessário para o tempo e para a eternidade

Ao pão nosso se acrescenta um qualificativo de grande importância: de cada dia, quotidiano. O termo grego é *epiousios*[5]. Seu significado exato constitui um problema para os especialistas porque esta palavra, como já observara Orígenes em seu comentário ao Pai-nosso[6], não encontra paralelos em nenhum texto do mundo grego (salvo talvez do Papiro Hawara do Alto Egito, datado do século V depois de Cristo[7]) e parece ter sido forjada especialmente pelos evangelistas. Estamos assim entregues à mera análise filológica. Aqui apontam três saídas possíveis:

---

5. Sobre esta palavra existe inumerável literatura. Citamos apenas a mais recente com as indicações bibliográficas: BRAUN, F.-M. Le pain dont nous avons besoin (Mt 6,11; Lc 11,3). In: *Nouvelle Revue Théologique* 110 (1978), p. 659-568. • RORDORF, W. Le "pain quotidien" (Mtth. 6,11) dans l'histoire de l'exégèse. In: *Didaskalia* (Revista da Faculdade de Teologia de Lisboa), 6 (1976), p. 221-235.

6. *De oratione*, 27, 7, PG 11, p. 509 C.

7. Cf. Preisigke, Fr., *Sammelbuch griechischen Urkunden aus Aegypte* I, 5224. O papiro se encontra desaparecido, o que impede o confronto, e seu editor, como nos informa Brown, R.E. (The Pater Noster as an Eschatological Prayer, em *Theological Studies* 22 (1961), 175-208, aqui 195, nota 86), de nome Sayce, não era um homem particularmente meticuloso. Neste papiro ocorre a palavra *epious*, provável abreviação de *epiousion* num contexto de uma lista de distribuições, com o significado de "o que é necessário para um dia", "salário de um dia" (diária), "ração de um dia".

A *primeira faz* derivar *epiousios* de *epi* + *einai* (do verbo ser). *Ousios* é o adjetivo que permitiria o seguinte significado: o pão para o dia que está existindo (sendo) agora, o pão quotidiano, o pão dado dia por dia. As mais antigas traduções latinas (ítala) entendiam-no assim. Ou também pode-se ler da seguinte maneira: o pão necessário para existir (ser), indispensável para a existência (*epi ousia*). O pão que atende às nossas necessidades básicas é o pão de cada dia, como estamos habituados a rezar. São Jerônimo na Vulgata traduz (para a versão de S. Mateus) de pão *supersubstancial* (que é tradução literal de *epi* = super e *ousios* = substancial) ou também (para a versão de S. Lucas) de pão *quotidiano*.

A *segunda* explicação entende *epiousios* como derivado de *epi* + *ienai* (vir, chegar). Então o sentido resultaria assim: o pão nosso de amanhã, para o dia que vem, o pão nosso futuro. Comentando o Evangelho de S. Mateus, S. Jerônimo refere que o Evangelho dos Hebreus (um apócrifo semita) traduz *epiousios* (supersubstancial) pela palavra hebraica *machar* que significa amanhã, vale dizer, futuro[8]. O sentido seria então: O pão nosso futuro dá-nos hoje.

A *terceira* explicação, a mais recente[9], parte da constatação de que existem muitas palavras compostas de prefixos como *epi-ousios* cujo prefixo, no entanto, não possui nenhum significado específico; trata-se de um prefixo vazio. Todas as línguas possuem destas palavras. Em português podemos dizer: "vou dar uma mão a este grupo (vou dar um

---

8. *Comm. in Matth.* VI, 11, PL 36, 43. Decididamente contra este sentido é o estudo de GRELOT, P. La quatrième demande du Pater et son arrière-plan sémitique. In: *New Testament Studies* 25 (1979), p. 299-314.

9. Cf. BOURGOIN, H. Epiousios expliqué par la notion de préfixe. In: *Bíblica* 60 (1979), p. 91-96.

auxílio)" ou também "vou dar uma demão". Ou também: "ele denegou o seu pedido" ou "ele negou o seu pedido". Em ambos os casos o prefixo *de* é vazio; seu conteúdo semântico não muda o sentido do radical. Em francês temos o verbo *partir* (partir) e *départ* (partida); *chercher* (procurar, pesquisar) e *recherche* (pesquisa). Tanto o prefixo *de* de *départ* como *re* de *recherche* não acrescentam nada ao seu respectivo radical. Assim em grego existem 13 adjetivos compostos de *ousios* (*an, en, omoi, hyper* etc.) tendo todos eles como raiz o substantivo *ousia* (substância, essência) . No caso que nos interessa da combinação de *epi* + *ousios* o prefixo *epi* não deve ser traduzido, como o fez S. Jerônimo, por *super*, porque o prefixo *epi* em grego dá a noção de contato, aquilo que concerne a, pertence a. Portanto *epiousios* seria: aquilo que concerne à essência, essencial, substancial. Ora, este é o sentido comum da palavra *ousios* sem qualquer prefixo. No máximo o prefixo conteria um caráter performativo (reforçaria o sentido original); mas realmente não acrescenta nada ao sentido original. O grego conhece várias palavras com o prefixo *epi* sem enriquecer a raiz (*epinefes* = nublado; *epidorpios* = o que concerne à sopa, ensopado; *epikefalaios* = o que concerne à cabeça). Com *epiousios* estamos diante de uma palavra semelhante. O prefixo *epi* é vazio. O sentido é simplesmente este: pão essencial, pão substancial, pão necessário à vida. Ora, o que é necessário à vida pertence ao dia a dia, é de cada dia. Assim esta terceira explicação se aproxima da primeira. O sentido é simples.

Qual destas explicações é a mais pertinente? É o pão de amanhã ou o pão de cada dia? Ambos os sentidos são possíveis. Para decidir por este ou aquele sentido não bastam as razões de ordem filológica. Cada exegeta ou teólogo decidirá por aquele sentido que melhor corresponde à imagem que ele se faz do Jesus histórico e de sua mensagem. Assim aqueles que tendem a interpretar Jesus de Nazaré dentro da perspectiva escatológica preferem o segundo sentido: o pão nosso futuro dai-nos hoje[10]; aqueles outros que entendem Jesus e sua mensagem não escatologicamente (Jesus não esperava para logo o termo da história e a vinda definitiva do Reino) interpretam o *epiousios* como o pão de cada dia (pão de que temos necessidade cada dia), pão essencial e substancial para a nossa curta peregrinação terrestre (primeiro e terceiro sentido).

O problema do Pai-nosso não se resolve apenas com o recurso histórico-crítico e sua referência ao Jesus histórico. O Pai-nosso constitui a oração principal da comunidade cristã que vive no tempo e para a qual a escatologia se situa num futuro indeterminado. Em função da situação presente, temporal, com história que se faz dia a dia, deve-se rezar o Pai-nosso. Os termos ganham um significado eclesial, diverso daquele de suas origens jesuânicas. Em outros termos: ao significado primitivo, dado pela intenção de Jesus, se acrescentou um outro conferido pela comunidade primitiva já organizada em igrejas e por fim culminou com um sentido que atribuímos hoje dentro de nossa situação. Todos estes sentidos são verdadeiros; o sentido mais antigo não se fecha sobre si mesmo; é como uma fonte que se abre para outras significações, dando sentido à vida de oração. Assim, com referência a esta árdua discussão do sentido originário da expressão *epiousios*, seja como pão futuro, ou quotidiano, ou

---

10. Clássicas se tornaram as interpretações nesta linha de JEREMIAS, J. *O Pai-nosso* – A oração do Senhor. S. Paulo, 1976, p. 43-46 e de LOHMEYER, E. *Das Vater-unser*. Zurique, 1952, p. 92-110, bem como de BROWN, E.E. *The Pater Noster*, op. cit., nota 7.

essencial, vemos três níveis de significação, cada qual supondo o outro e se entrelaçando com ele. Todos os sentidos ecoam ao se ouvir a mesma palavra *pão nosso de cada dia*.

Somos da opinião que o sentido conferido pelo Jesus histórico é aquele de pão futuro, pão do dia de amanhã. Esta opção se baseia na convicção, que não podemos fundamentar aqui[11], de que o Jesus histórico se moveu dentro de uma perspectiva apocalíptico-escatológica. Com isto queremos dizer que Ele vivia na iminência da irrupção do Reino de Deus, sem com isso determinar com exatidão "os tempos e os momentos" de sua inauguração definitiva. Mas o cerne principal de seu anúncio, o Sermão da Montanha, o radicalismo de suas exigências apontam com muita probabilidade para esta interpretação. Consoante esta interpretação o Reino de Deus, como o atestam amiúde os evangelhos, é comparado a uma ceia. Na mesa celeste será servido o verdadeiro pão substancial. A súplica do homem pelo alimento (pão) está, portanto, relacionada ao banquete celeste. Assim lemos em Lc 14,15: "Feliz aquele que comer o pão no Reino de Deus". O mesmo tom escatológico encontramos num outro texto de Lc 6,21: "Felizes os famintos de *agora*, porque sereis saciados". Outras vezes se fala de "comer e beber em minha mesa no Reino" (22,30) e que "virão do Oriente e do Ocidente e sentar-se-ão à mesa com Abraão, Isaac e Jacó no Reino dos céus" (Mt 8,11). O Apocalipse descreve o céu onde os justos não terão mais fome (7,16). Este pão futuro no Reino eterno do Pai é objeto da súplica: dá-nos já agora. Em outras palavras: venha logo o

---

11. Veja meus livros *Jesus Cristo Libertador*. Petrópolis: Vozes, [7]1979, e *Paixão de Cristo, paixão do mundo*, Petrópolis: Vozes, [2]1977.

Reino! Realize, Senhor, o mais rapidamente possível a intervenção libertadora. Introduza-nos no banquete onde é servido o alimento (pão) realmente substancial e que dá a vida eterna.

O Antigo Testamento oferece alguma base para esta interpretação escatológica. Acerca do maná se diz no Êxodo: "Farei chover do céu pão para vós... cada dia a porção necessária de um dia" (16,4). No Sl 78,24: "Deu-lhes pão descido do céu". Jesus mesmo se reporta a este texto e diz: "Moisés não vos deu o pão do céu; meu Pai é quem vos dá o verdadeiro pão do céu" (Jo 6,32).

Este sentido – o pão nosso de amanhã (futuro) dai-nos hoje – parece encaixar-se bem dentro da mentalidade escatológica de Jesus. Mas devemos prestar atenção: o sentido deste pão futuro e escatológico no Reino de Deus está assentado na materialidade do pão concreto e histórico. Todo símbolo real (pão do céu) tem por base a realidade concreta (pão material). Não existe símbolo real nele mesmo; sempre vem referido à sua base sobre a qual se constrói. Em outras palavras: ao pedirmos o pão do céu (futuro, de amanhã) pedimos simultaneamente pelo pão material do corpo. Sem este não poderemos entender o que seja o pão realmente substancial do Reino de Deus. O símbolo sem a realidade se esvazia. O pão do céu sem o pão da terra não é compreensível. Por isso não tiramos nada daquilo que afirmamos acima acerca da realidade nua e crua do pão que alimenta nossa vida e permite que a ela seja prometido o pão realmente doador de uma vida eterna no Reino do Pai.

Àqueles que interpretam Jesus dentro de uma perspectiva não escatológica o sentido mais acertado de *epiousios* é o pão de cada dia, o pão necessário diariamente. Este sentido é realizado pela comunidade cristã que perdura ao largo da história e que tenta viver o ideal pregado por Jesus de entrega serena à Providência Divina[12]. O Senhor ensinou não "preocupar-se com o dia de amanhã" (Mt 6,34), nem com o que comer nem com o que vestir (Mt 6,25). Aos discípulos recomendou em sua missão não levar nenhuma provisão, "nem pão, nem sacola, nem dinheiro no cinto" (Mc 6,8). O ideal evangélico consiste em viver uma vida de pobre entregue totalmente aos desvelos da Providência. Deus providenciará pelas necessidades básicas. É um ideal radical. Sempre houve na história espíritos que tomaram a sério as palavras do Senhor e viveram em semelhante modo de vida. O que se pede aqui é apenas o pão necessário para cada dia. Já o Antigo Testamento ensinava: "Não me dês nem pobreza nem riqueza; concede-me apenas o pão necessário" (Pr 30,8; Ecl 40,29). Portanto não se pede a Deus riqueza, nem bem-estar, nem comodidades; nem se magnifica a pobreza como ausência do necessário. Pede-se o suficiente para alimentar a vida durante um dia. As necessidades básicas é que são aqui visualizadas. O pão está no lugar do alimento simplesmente, mas também, como se vê nas Escrituras, está relacionado com a vestimenta (Dt 10,18), a água (Dt 9,9), o vinho (Ecl 9,7), o óleo (Sl 104,15). Jesus descarta toda a avidez e o acúmulo desnecessário.

Este pão de cada dia e necessário à vida material serve de base para um outro sentido também presente nos ouvidos da comunidade primitiva. Qual é o pão necessário à vida espiritual e à dimensão religiosa do homem? É o pró-

---

[12]. Este ponto é bem explorado pelo comentário de GUARDINI, R. ao Pai-nosso: *Das Gebet des Herrn*, Mainz 1934, p. 17-24, e por GRELOT, P., no artigo citado na nota 8.

prio Jesus que se apresentou a si mesmo como "o pão da vida" (Jo 6,48); "quem comer deste pão, não morre" (Jo 6,50), "viverá para sempre" (6,51). O pão não significa apenas Jesus. No pão quotidiano ressoa o outro pão, comida diuturna da comunidade cristã, a Eucaristia: "o pão que eu darei é minha carne para a vida do mundo" (Jo 6,51)... "quem come minha carne e bebe meu sangue tem a vida eterna e eu o ressuscitarei no último dia... quem come deste pão viverá eternamente" (Jo 6,54.59).

Estes vários sentidos devem poder reboar e ser sentidos e vividos pelo fiel quando reza: o pão nosso de cada dia nos dai hoje: primeiramente trata-se do pão material e necessário sem o qual a vida não persistiria. Este pão acena para o pão no Reino de Deus onde a vida será eterna e feliz; o pão do Reino já se antecipou e é Jesus mesmo em sua vida e mensagem; Jesus continua dentro da história na forma do pão eucarístico no qual temos antecipadamente as primícias do Reino e a salvação já definitiva trazida por Jesus. O Jesus histórico, a comunidade primitiva e nós hoje em nossas necessidades materiais e espirituais nos encontramos na palavra pequena, mas cheia de mistérios: *pão nosso de cada dia.*

4. Dai-nos hoje: o trabalho e a Providência

A Escritura está cheia de passagens que expressam a convicção de que é Deus quem dá o pão ou dá de comer. Todo alimento é dádiva divina. Ao homem cabe agradecer. A primeira das orações à mesa dos judeus piedosos começa assim: "Bendito sois vós, Senhor nosso Deus, Rei do universo, que alimentais todo mundo por vossa bondade. Por graça, amor e misericórdia dá Ele o pão a toda criatura, pois sua graça permanece para sempre". Somente um pagão ou um ateu não sabe a quem agradecer pelo alimento quotidiano. Neste contexto devemos entender a petição: *dai-nos hoje o pão nosso de cada dia*.

Mas que significa concretamente pedir a Deus o pão necessário? Não é o trabalho humano que traz o pão à mesa? Jesus sabe da importância do trabalho. Paulo nos recorda muito realisticamente: "Se alguém não quiser trabalhar, também não coma" (2Ts 2,10). Mas o trabalho humano não é tudo no pão. Dependemos de tantas condições prévias, face às quais cada homem se sente impotente e se vê remetido à Providência Divina. É Ele que nos dá as estações favoráveis de tempo e de chuva; é Ele que garante as forças com as quais podemos trabalhar; é Ele que misteriosamente faz crescer a semente; é Ele o Senhor da criação, criação que nós modificamos com nosso trabalho, mas que não geramos. Em cada pedaço de pão há mais presença da mão de Deus do que da mão do homem. Por isso o fiel tem sua razão em pedir o pão ao Pai do céu.

Ademais, o pedido pelo pão possui em nossos dias um sentido concretíssimo. Há milhões que vasculham o lixo em busca do mínimo necessário. Milhares morrem de fome cada ano por falta do pão suficiente. O espectro da subnutrição e da fome ameaça mais e mais a humanidade inteira. Para estes milhões de esfaimados a súplica pelo pão possui um sentido direto e imediato. Eles recordam aos saciados a súplica do próprio Deus: "Reparte com os famintos o teu pão" (cf. Is 58,7). Como contundentemente apostrofava S. Basílio Magno († 379): "Ao faminto pertence o pão que se estraga em tua casa. Ao descalço pertence o sapato que cria bolor debaixo de tua cama. Ao nu pertencem as vestes que ficam em teus baús. Ao miserável pertence o dinheiro que desvaloriza em teus cofres!"

Na versão de S. Mateus se pede o pão para hoje (*semeron*); na de S. Lucas para cada dia (*kat'emeran*). Ambos os sentidos são verdadeiros[13]. A primeira versão (hoje) atende ao sentido imediato da súplica: pede-se o pão necessário para agora, para hoje. A segunda implica um propósito do discípulo: de pedir dia após dia e cada dia o pão necessário e assim confiar-se à Providência Divina.

5. Conclusão: A santidade do pão

Está presente na memória dos povos o fato de que diante do pão estamos face a uma realidade santa. O pão é tratado com respeito e veneração. Não se joga fora o pão; somente sociedades dessacralizadas o fazem porque perderam a referência básica para com o Santo e o Sublime do homem e do mundo. O pão é santo porque está associado ao mistério da vida que é sacrossanta. Para o homem bíblico o pão é um dos sinais primordiais da graça e do amor com que Deus nos sustenta e nos cerca. Por ele Deus exorciza os demônios da fome e da morte. Para o homem de fé cristã o pão é ainda mais santo porque simboliza a reconciliação terminal de todos os justos no banquete com Deus no Reino futuro. Ele é também o símbolo real de Jesus, pão da vida, que salvou a vida para sempre. O pão quotidiano é santo por um título ainda: é a matéria que, transubstanciada, constitui o Sacramento da Eucaristia, o pão dos peregrinos com o qual se alimenta a vida para que ela seja ressuscitada e feliz eternamente.

A misteriosa palavrinha *epiousios* (supersubstancial, quotidiano, necessário, futuro, essencial) acrescentada ao *pão*,

---

[13] Cf. VAN DEN BUSSCHE, H. *Le Notre Père*. Paris, 1960, p. 87-88.

palavrinha que não encontra paralelos na língua grega, talvez tenha sido forjada pelos próprios evangelistas, como acreditava Orígenes, para, quem sabe, quererem expressar toda a riqueza secreta, escondida na realidade simples do pão. A gama dos distintos significados deve reboar na alma daquele que a compreendeu e a inseriu em sua recitação diuturna da oração do Senhor.

VIII
Perdoai-nos as nossas ofensas

Senhor,
quando olhares para os que nos aprisionaram
e para aqueles que à tortura nos entregaram;
quando pesares as ações de nossos carcereiros
e as pesadas condenações de nossos juízes;
quando julgares a vida dos que nos humilharam
e a consciência dos que nos rejeitaram,
esquece, Senhor, o mal que porventura cometeram.
Lembra, antes, que foi por este sacrifício que nos aproximamos de teu Filho crucificado: pelas torturas, adquirimos as suas chagas; pelas grades, a sua liberdade de espírito; pelas penas, a esperança de seu Reino; pelas humilhações, a alegria de seus filhos.
Lembra, Senhor, que desse sofrimento brotou em nós, qual semente esmagada que germina,
o fruto da justiça e da paz,
a flor da luz e do amor.

> Mas lembra, sobretudo, Senhor,
> que jamais queremos ser como eles,
> nem fazer ao próximo o que fizeram a nós.
>
> (Frei Fernando, Frei Ivo, Frei Betto,
> Oração de um prisioneiro, em O CANTO NA FOGUEIRA,
> Petrópolis 1977, p. 346)

Certamente o homem não vive só de pão (cf. Mt 4,4), mas *também* de pão. Além de uma infraestrutura mínima sem a qual não existe nem persiste (alimento), o ser humano se encontra entrelaçado pelo tecido social que constitui parte essencial de seu próprio ser. Nesta dimensão, ele não apenas vive, mas convive. É aqui que o ser humano emerge como pessoa, vale dizer, como alguém capaz de relacionar-se, de ouvir ou fazer uma proposta, de dar uma resposta ao outro e de sentir responsabilidade. Dizer pessoa é dizer nó de relações, laços, alianças que tornam os homens responsáveis uns face aos outros, realizando-os, frustrando-os, tornando-os felizes ou infelizes. Como pessoa, o homem se mostra um ser responsorial, capaz de responder também a Deus, corresponder ao seu amor ou igualmente negar-se e encapsular-se sobre si mesmo. A consciência é o lugar onde se faz ouvir o chamado do outro e de Deus. E a liberdade coloca a pessoa na abertura ou no fechamento, na aceitação ou na recusa de uma responsabilidade.

1. A experiência da ofensa e da dívida

Neste nível dos relacionamentos, seja para com Deus seja para com os outros, surgem as diferentes atitudes: de amor, de amizade, de simpatia, de colaboração, de indiferença, de rechaço, de humilhação, de altivez, de exploração. Aqui não há neutralidade; a tomada de posição é irrecusável ou pró ou contra ou com distintos níveis de engajamento. O eu pessoal patenteia-se sempre habitado e comprometido com outros.

É no interior deste entrelaçamento que se faz compreensível a experiência da dívida de um para com o outro ou também das mútuas ofensas. Sentimos que estamos em dívida para com as pessoas. Não pedimos para nascer. Ao nascer, houve quem nos acolhesse, nos alimentasse e nos desse aquele carinho indispensável para a sanidade da vida, quando tantos são rejeitados e eliminados. Semelhante experiência faz o homem religioso para com o seu Deus: recebeu a existência, a saúde, as vestes, o teto, a inteligência, a vontade de ser, os amigos e tantas coisas excelentes da vida que não podem ser produzidas pelo ingênio humano e que são vivenciadas simplesmente como dádiva do Pai. Percebemo-nos devedores; espontaneamente emerge o sentimento de ação de graças. Esta dívida é inocente e, na verdade, jamais pode ser paga. Por mais que fizermos não conseguiremos resgatar a dívida para com o autor da vida, seja para com nossos pais seja para com Deus[1]. Aqui vale a sentença evangélica: por mais que fizermos em termos de agradecimento somos servos inúteis; fizemos apenas o que tínhamos de fazer (Lc 17,10).

Mas existe um outro tipo de dívida que não é inocente, mas culposa. É a dívida como ofensa e pecado, dívida que

---

[1]. Veja as excelentes reflexões de Orígenes acerca deste ponto: *De oratione*, PG 11, p. 489-549, na tradução feita por HAMMAN, A. *Le Pater expliqué par les Pères*. Paris, 1952, p. 81-84.

fica, exigindo ser resgatada. Ela apresenta-se à consciência como culpa por um relacionamento destruidor do encontro, do amor e da humanidade. A ofensa (pecado e culpa) para ser experimentada como tal pressupõe o relacionamento entre as pessoas e a comunhão com Deus. O que devia ter sido feito não foi feito. O meu semelhante precisava de uma palavra que o levantasse e a palavra lhe foi negada por mim. Seu olhar suplicava misericórdia e eu fui duro e o humilhei. O pobre contou suas desgraças, estendeu a mão, pediu socorro e eu passei de largo. Os olhos dos pequenos reluziam grossos de fome, o bebê tiritava de febre nos braços da mãe esquálida e subnutrida e eu voltei o rosto para não me incomodar. Outras vezes há o ódio surdo, a exploração aberta do fraco, de suas forças de trabalho, de sua ignorância, a eliminação física dos importunos. Aqui há ruptura da fraternidade e quebra da humanidade. Há injustiça e desamor. O irmão foi ofendido. Deus foi atingido porque o que lhe agrada é a misericórdia, o amor, a justiça e a solidariedade, que foram aqui traídas.

Esta experiência não é adequadamente traduzida se dissermos: aqui houve a violação de uma lei. A lei manda fazer ao outro o que gostaria que me fizessem a mim e não o fiz! Diante de uma lei abstrata não sentimos culpa, no máximo pesar. Mas o que efetivamente ocorreu foi a violação de uma relação pessoal. Não tanto uma lei, mas uma pessoa foi lesada em sua dignidade, em sua necessidade e na aliança que entrelaça, numa mesma solidariedade, a todos os homens, incluindo a Deus. A culpa alcança sua formalização máxima quando sentimos o chamado de Deus e nos negamos; não um chamado geral, mas um apelo pessoal, uma vocação que envolve e compromete toda a nossa existência; a interpelação de fidelidade, de cultivo e de crescimento não é atendida; é um talento que nada rende (cf. Mt 25,14-30).

A experiência que fazemos é de sentirmo-nos responsabilizados pela ofensa cometida. Não precisava ter acontecido e, na verdade, aconteceu. Emerge a experiência da dívida e da necessidade de pedir perdão. Ela não é expressão de uma patologia psicológica ou de uma obsessão (isso pode ocorrer, mas neste caso a culpa é um sentimento sem objeto e por isso resulta patológica), mas índice da sanidade da vida que reclama sua reta ordem e cobra o restabelecimento da relação humana violada[2]. Está profundamente arraigada em cada homem a consciência de que nem tudo está bem em sua vida: "todos pecamos muito em muitas coisas" (Tg 3,2). Pertence à sinceridade que devemos para conosco mesmos a constatação de que somos pecadores; "se dizemos que em nós não há pecado, enganamos a nós mesmos e a verdade não está em nós" (1Jo 1,8). E o pecado se revela à consciência como uma dívida que exige ser paga. Daí surge, espontânea, a súplica tão frequente nas Escrituras: Senhor, tende piedade de nós! "Segundo a vossa grande misericórdia, apagai os meus pecados" (Sl 51,3). O salmista grita sob o tormento da consciência: "Vede (Senhor) a minha aflição e o meu sofrimento: perdoai todos os meus pecados!" (Sl 25,18). E o Eclesiástico sugere o caminho mais seguro para conseguirmos o perdão de nossos pecados: perdoando aqueles que nos têm ofendido: "Perdoa ao teu próximo o mal que ele te fez, assim teus pecados serão perdoados quando o pedires" (Eclo 28,2). Jesus diz contundentemente: "perdoai e sereis perdoados!" (Lc 6,37).

---

[2]. Cf. MOSER, A. Pecado, culpa e psicanálise. In: *REB* 35 (1975), p. 5-36.

Apesar desta possibilidade de mútuo perdão percebemos que estamos sempre em dívida porque não se trata apenas de desfazer uma atitude pecaminosa nem de reparar um ato ofensivo; o pecado possui raízes mais profundas e pervade toda nossa existência. Vivemos numa situação de pecado[3]; o ar salvífico que respiramos vem contaminado, apesar da coexistência da graça e da misericórdia permanente de Deus. Por isso sentimo-nos vítimas das forças do mal que nos induzem, vez por vez, ao pecado e à fratura dos laços da fraternidade. Não é apenas um gesto que deve ser corrigido; é uma situação que deve ser renovada; é um homem novo que deve ser gerado. Por isso soa profundamente libertadora a palavra de Jesus, a misericórdia e o perdão encarnados do Pai: "Filho, teus pecados te são perdoados!" (Mc 2,5). Pertence à Boa-Nova de Jesus não apenas a salvação e a gênese de um novo céu e de uma nova terra habitada por um homem novo, mas também a radical e completa remissão de toda dívida e o perdão definitivo de todo o pecado.

2. Perdoai-nos as nossas ofensas

As reflexões acima feitas foram necessárias para compreendermos a quinta petição do Pai-nosso: "Perdoai-nos as nossas ofensas assim como nós perdoamos a quem nos tem ofendido". Ela expressa o grito, quase o queixume, do homem irremediavelmente pecador, dirigido ao Pai de infinita misericórdia.

As versões de Mateus e de Lucas não são totalmente convergentes. Mateus utiliza "dívidas", uma expressão tirada do mundo dos negócios (*hoba* = dívidas financeiras),

---

3. BOFF, C. Pecado social. In: *REB* 37 (1977), p. 675-701.

mas que, com o tempo, foi assumindo um colorido religioso como sinônimo de ofensa; a palavra ofensa, por sua vez, acentua a natureza pessoal do pecado que, como vimos, não implica apenas a violação de uma norma, mas a quebra do relacionamento interpessoal, envolvendo Deus, presente em cada pessoa e em cada relação humana. Reza assim a formulação de S. Mateus, consoante o texto original grego: "E perdoai-nos as nossas *dívidas*, assim como nós temos perdoado nossos *devedores*" (Mt 6,12). S. Lucas diz textualmente: "E perdoai-nos os nossos *pecados*, pois, na verdade, nós perdoamos a cada um de nossos *devedores*" (Lc 11,4). Como se depreende, Lucas traduz "dívidas" por "pecados" para facilitar a compreensão de seus ouvintes que eram gregos para os quais "dívidas" não possuía uma conotação religiosa como para os semitas. Entretanto, conserva na segunda parte a expressão "devedores" (onde esperaríamos "pecadores" ou "aqueles que pecaram contra nós"), o que milita em favor da hipótese de a versão de S. Mateus ser mais original do que aquela de S. Lucas. Importa considerar a boa-nova do perdão de Deus anunciada e praticada por Jesus. É o transfundo da petição do Pai-nosso.

O anúncio de Jesus não se concentra apenas na alegre proclamação de que o novo céu e a nova terra estão prestes a irromper e de que uma libertação total e global está em curso e chegando à sua plenitude. A boa-nova apresenta-se, realmente, como boa e alvissareira porque seus primeiros destinatários são os pobres, os lábeis, os marginalizados e os pecadores. O Pai testemunhado por Jesus é um Pai de infinita bondade, que "ama os ingratos e maus" (Lc 6,35). Ele é o Deus da ovelha tresmalhada (Lc 15,1-7), da moeda perdida (Lc 15,8-10), do filho pródigo (Lc 15,11-32), que se alegra mais por um pecador que se converte do que por noventa e nove justos que não necessitam de conversão (Lc 15,7). Jesus, que encarna no mundo a misericórdia do Pai, se faz também misericordioso. Ele cumpre à risca o que ensina aos outros: "Sede misericordiosos como vosso Pai é misericordioso" (Lc 6,36). Por isso frequenta a casa dos pecadores (Mc 2,15; Lc 19,1-9) a ponto de ser considerado amigo de pecadores (Mt 11,19). Tal gesto não é puro humanitarismo; nasce de sua experiência de Deus misericordioso; faz sentir aos pecadores que eles não estão automaticamente excluídos do amor do Pai, mas que Ele os ama com infinita ternura e que, por isso, podem voltar agradecidos, pois o Pai os sabe acolher de braços abertos e com o beijo do perdão (cf. Lc 15,20; 2Sm 14,33).

Este evangelho da misericórdia escandalizou os piedosos de seu tempo e continua a escandalizar os fiéis ainda hoje. Os fervorosos se esforçam por seguir os caminhos do Senhor e se imaginam que por causa disto só eles são amados por Deus. Esta atitude os transforma em fariseus e severos para com os lábeis e fracos. As principais parábolas de Jesus que abordam o perdão e a misericórdia não são dirigidas aos pecadores, mas aos piedosos e críticos da demasiada liberalidade de Jesus e de seu Deus. O anúncio e as práticas misericordiosas de Jesus – deixa-se até ungir por uma pecadora pública (Lc 7,36.37) – causam protestos; Jesus toma a defesa da misericórdia. Argumenta de forma contundente: não são os sãos, mas os doentes que precisam de médico (Mc 2,17); o Filho do Homem veio para procurar e salvar o que estava perdido (Lc 19,10); ele se sente enviado para as ovelhas perdidas da casa de Israel (Mt 15,24). Diz de maneira provocativa aos mestres do pensamento religioso do tempo: Os cobradores de impostos e as prostitutas (que acreditaram) vos precederão no Reino de Deus (Mt 21,31) porque "não fostes tocados de arrependimento" (Mt 21,32). Na época consideravam-se três grupos de pecadores: os judeus que podiam dirigir-se a Deus com penitência e esperança; estes podiam contar com a misericórdia divina; os gentios pecadores que podiam dirigir-se com penitência, mas sem muita esperança de serem ouvidos; por isso eram considerados fora do alcance da misericórdia de Deus; os judeus que se tornaram como gentios; nestes não se podia contar nem com a penitência nem com a esperança; estavam praticamente perdidos; eram os pastores, as prostitutas, os leprosos, os publicanos e outros deste jaez[4]. E agora ouve-se a boa-nova da parte de Jesus: "Não vim chamar os justos, mas os pecadores!" (Mc 2,17). A um paralítico, pertencendo ao terceiro grupo de pecadores, Jesus diz libertadoramente: "Filho, perdoados estão os teus pecados!" (Mc 2,5). O Evangelho só aparece como boa-nova se comprendermos esta novidade introduzida por Jesus. O Deus de Jesus não é mais o velho Deus da Torá, da vingança e do castigo; é o Deus da misericórdia, da bondade sem limites e da paciência histórica para com os fracos que se dão conta de que são fracos e que se põem a caminho da volta (cf. Rm 3,25-26). A Parábola do Filho Pródigo concretiza o Deus de Jesus Cristo, cheio de misericórdia e de transbordante amor: "ainda longe, viu o filho e, comovido, lhe correu ao encontro e se lançou ao pescoço, cobrindo-o de beijos" (Lc 15,20). Como este pai terreno, assim é o Pai celeste. Assim também age Jesus.

---

4. Cf. GOPPELT, L. *Teologia do Novo Testamento*. São Leopoldo/Petrópolis, 1976, p. 154.

Para justificar sua atitude e aquela de Deus, Jesus conta aos críticos as várias parábolas[5]. Aquela da ovelha tresmalhada e da moeda perdida é dirigida contra os murmuradores escribas e fariseus (Lc 15,2); aquela dos dois devedores contra o fariseu Simão (Lc 7,40); a frase "não são os sãos que necessitam de médico, mas os doentes" é dita contra os especialistas da religião da corrente mais piedosa do tempo, os fariseus (Mc 2,16); a parábola do fariseu e do publicano igualmente contra os fariseus (Lc 18,19) e assim outras. Em todas Jesus visa salvaguardar a novidade que traz: Deus é principalmente Deus dos pecadores e o Messias é libertador de nossas dívidas e aliviador do fardo de nossa consciência.

O perdão de Deus não conhece limites; é irrestrito como se mostra na parábola daquele servo carregado de dívidas que suplica: "Senhor, tem paciência comigo e te pagarei tudo" (Lc 18,26). E foi perdoado de toda a dívida porque o pediu (v. 32). Entretanto há que se compreender bem a misericórdia e o perdão. Eles não são automáticos e mecânicos; pressupõem o relacionamento entre ofendido e ofensor; o homem precisa buscar o perdão; isto significa que precisa voltar-se para Deus e dar-se conta de sua situação canhestra. Os que se julgam justos, sem pecado e sem necessidade de conversão também não sentem a urgência do perdão. Estes, na verdade, laboram num desastrado equívoco e conhecem mal sua própria realidade. É a ilusão do fariseu da parábola (Lc 18,9-14) que se estima santo e, entretanto, é duro, "não se preocupando com o mais importante da Lei: a justiça, a misericórdia e a fidelidade" (Mt 21,23).

---

5. Uma análise minuciosa das parábolas de misericórdia e perdão se encontra em JEREMIAS, J. *Die Gleichnisse Jesu*. Munique/Hamburgo, 1966 (Taschenbuch), p. 84-99.

É, portanto, pecador sem ter consciência disto. Como julga não ter motivos de suplicar o perdão, também não o pede e por isso não o recebe. Deus o perdoaria e está sempre pronto a perdoar, mas o pecador precisa abrir-se ao perdão. Caso contrário o perdão não seria real, nem refaria a relação destruída entre Deus e o pecador. Deus é misericordioso, mas não bonachão. Mas se o homem se confessar pecador e como o publicano (considerado pecador no seu tempo) bater no peito e disser: "ó Deus, tem piedade de mim, pecador" (Lc 18,13) pode ter a certeza de que o perdão será pleno e que o Reino de Deus já começou a habitar em seu coração.

Este perdão irrestrito do Pai é historificado por Jesus que também perdoa ilimitadamente até os seus verdugos (Lc 23,34); entrega-se livremente nas mãos deles (Mc 9,31; 14,41). Entende sua vida como entrega aos demais e aos pecadores para ser a redenção de todos (Mc 10,45). Ele assume a situação dos culpados e suplica o perdão de Deus. E Deus o ouviu e reconciliou o mundo (1Pd 1,18; Rm 5,8-10; At 8,31-35; Hb 9,1-5.28; Ap 5,9; 1Cr 6,20; 7,23). Nele é plena verdade que o amor tudo perdoa (1Cr 13,4).

Porque tudo isto é real é que podemos, confiantes, pedir o perdão de Deus como o fazemos no Pai-nosso. Por Jesus sabemos que nosso pedido é atendido.

3. Assim como nós perdoamos

A segunda parte desta petição parece estabelecer um condicionamento ao perdão divino, pois se reza: "Assim como nós perdoamos a quem nos tem ofendido". S. Mateus, efetivamente, sugere tal compreensão. No final do Pai-nosso acrescenta: "Porque, se perdoardes aos homens suas ofensas, o Pai celeste também vos perdoará. Mas, se não perdoardes aos homens, o Pai também não vos perdoará as ofensas" (Mt 6,14-15). Tratar-se-ia aqui de uma relação de *do ut des*? Uma espécie de negociação com Deus? Colocado assim o problema dá margem ao surgimento do espírito farisaico e da cobrança de uma exigência feita a Deus. Isto, entretanto, é indigno da atitude vivida e ensinada por Jesus que é de ilimitada misericórdia, independente de outras considerações interesseiras.

A parábola do servo endividado que foi perdoado totalmente porque suplicou ao seu Senhor nos aponta para a direção certa (Mt 18,23-35). Perdoado, ele não perdoou o seu companheiro que lhe devia cem moedas. Aí o Senhor o chamou e disse: "Servo miserável, perdoei-te toda aquela dívida porque mo pediste. Não devias tu também compadecer-te do companheiro como tive compaixão de ti"? (Mt 18,34). A lição é cristalina: Se pedimos o perdão irrestrito e o recebemos irrestritamente, sem condições prévias, também nós devemos perdoar irrestritamente a quem pede o perdão irrestrito. Trata-se de sermos misericordiosos como o Pai é misericordioso (Lc 6,36). Devemos perdoar setenta e sete vezes sete, vale dizer, ilimitadamente (Mt 18,22), porque assim perdoa Deus.

Não se trata, portanto, de um negócio e de um condicionamento prévio, mas de mantermos a mesma atitude para com Deus e para com o próximo. Aqui reside a novidade da experiência de Deus comunicada a nós por Jesus Cristo. Não podemos alimentar duas atitudes diferentes, uma para com Deus e outra para com o próximo. Ambas constituem um único movimento, aquele do amor. Amar o outro é encontrar-se com Deus e amar a Deus implica amar o irmão porque "quem não ama o irmão, a quem vê, não pode amar a Deus, a quem não vê" (1Jo 4,20). O culto a Deus sem a reconciliação com o irmão é idolatria (cf. Mt 5,23-24). O mandamento básico, recordado por Paulo, é este: "Como o Senhor vos perdoou, assim perdoai também vós" (Cl 3,13).

Agora podemos entender em toda sua plenitude a palavra de Jesus: "perdoai e sereis perdoados" (Lc 6,37); "com a medida com que medirdes sereis medidos" (Mt 7,2). Em outras palavras: se não perdoamos totalmente nosso irmão é sinal que não temos pedido totalmente o perdão ao Pai e nos incapacitamos de receber o perdão irrestrito de Deus. Se realmente tivermos feito a experiência radical do perdão de nossos pecados e de nossas dívidas, se verdadeiramente tivermos sentido em nossa vida pecaminosa a misericórdia de Deus, então também somos impelidos a perdoar ilimitadamente, sem reticências e com o coração leve. A este valem as palavras das bem-aventuranças: "bem-aventurados os misericordiosos porque alcançarão misericórdia" (Mt 5,7). No termo da história e da vida somente as obras de misericórdia contam; delas depende nossa salvação ou nossa perdição (cf. Mt 25,31-46). Não tem o direito de pedir o perdão a Deus quem não quer dar o perdão a seus irmãos.

Finalmente com a petição anterior acerca do pão nosso, assim também esta possui uma dimensão social[6]. Sentimo-nos uma comunidade de pecadores; temos dívidas para com Deus e dívidas para com os irmãos. O pão para a vida comunitária é o perdão e a mútua misericórdia; sem isso não se refazem os laços rompidos. O perdão de Deus restabelece a comunhão vertical para o Alto; o perdão daqueles que nos têm ofendido conserta a comunhão horizontal para os lados. O mundo reconciliado começa a aflorar, o Reino

---

[6]. Cf. LOHMEYER, E. *Das Vater-unser*. Zurique, 1952, p. 129-134.

se inaugura e os homens principiam a viver sob o arco-íris da misericórdia divina. Tudo isto está presente quando rezamos: "Perdoai-nos as nossas ofensas assim como nós perdoamos a quem nos tem ofendido"!

IX
E não nos deixeis cair em tentação

> Um grande mestre do espírito disse ao seu discípulo:
> "Tu não podes brincar com o animal que mora
> dentro de ti, sem te tornares totalmente animal.
> Tu não podes brincar com a mentira,
> sem perderes o direito à verdade.
> Tu não podes brincar com a crueldade,
> sem perverteres a ternura do espírito.
> Se quiseres manter limpo teu jardim, não podes
> deixar nenhum espaço entregue às ervas daninhas".

As petições do Pai-nosso vão crescendo de intensidade a ponto de culminarem num grito de angústia: "Não nos deixeis cair em tentação"! Este pedido dirigido ao Pai pressupõe a amarga experiência de que o homem é um ser lábil, sujeito à tentação de trair a esperança e de ser infiel a Deus e de cair efetivamente na tentação e assim perder-se. Para entendermos a fundo o sentido desta súplica atormentada precisamos conscientizar a estrutura da condição humana na qual pode se instalar a tentação e estalar a queda.

1. O homem: um ser tentável

A vida humana se orienta basicamente por dois olhares: um dirigido à terra, e outro ao céu. A existência na terra participa do destino dela: caducidade, vulnerabilidade, toda sorte de limitações e por fim a morte. As Escrituras chamam à existência o homem todo inteiro na terra de existência na carne[1]; e "as tendências da carne são a morte" (Rm 8,6). Isto não significa que a vida terrena não tenha dinamismo e relevância; os últimos séculos mostraram a capacidade inaudita de transformação da natureza e da sociedade; o projeto científico-técnico, apesar da quebra de todos os ecossistemas, tornou para uma boa porção da humanidade a vida mais cômoda e a terra mais habitável. Entretanto no fim de tudo cabe sempre perguntar como o sábio: "Que resta ao homem de todo o seu trabalho e de todas as suas preocupações com que se afadigou debaixo do sol" (Ecl 2,22)? Todos os empreendimentos e obras históricas vêm selados com o estigma da mortalidade, porque não podemos abarcar tudo, não podemos fazer tudo, não podemos tornar-nos tudo. Numa palavra, também os maiores gênios, mesmo os mais radicais revolucionários e os filhos do grande protesto, precisam comer e beber, descansar e entregar-se ao sono.

Por outro lado, este mesmo homem assim encurtado habita, pelo desejo e pelos impulsos, as estrelas do céu. Não se contenta com a fatal pequenez das coisas; viola todos os

---

1. DUSSEL, E. *El humanismo semita*. Buenos Aires, 1969. • WOLFF, H.W. *Antropologia do Antigo Testamento*. S. Paulo, 1977, I, § 2. • BOFF, L. Aprendendo a ser – Momentos da antropologia cristã. In: *Grande Sinal* 32 (1978), p. 323-334.

limites e quer estar sempre para além dos quadros definidos. Isto não é questão de vontade; trata-se de um impulso que possui o homem e faz com que tenha fome de infinito e sede do absoluto a ponto de concluir como o Eclesiástico: "Quando o homem tiver acabado, então estará no começo, e, quando cessar, ficará decepcionado" (Eclo 18,6). As Escrituras chamam a este modo de ser: existência no espírito[2]. O ser humano todo inteiro sente um apelo para o alto, para a plena liberdade, para a perfeição acabada, para um aconchego definitivo. "O espírito é quem dá a vida" (Jo 6,33) e "as tendências do espírito são a vida e a paz" (Rm 8,6).

A vida na carne e simultaneamente a vida no espírito constituem a estrutura objetiva do mesmo homem. Elas são desproporcionais e dilaceram a existência por dentro. Há que reconhecer que o homem é um ser, ontologicamente, desequilibrado; encurralado no limite, se dimensiona para o ilimitado; fincado firme no chão, se ergue até as estrelas. Como integrar tudo? Como compor desta disfonia uma sinfonia? Paulo realisticamente confirma: "A carne tem tendências contrárias aos propósitos do espírito e o espírito possui propósitos contrários às tendências da carne. Ambos são contrários um ao outro a ponto de não fazerdes o que quereis" (Gl 5,17). E tudo isto existe e subsiste numa mesma e única realidade humana.

Estas duas situações existenciais se constituem também como dois projetos de vida. A vida nunca é dada e feita; tem que ser construída e orientada. Alguém pode consubstanciar um projeto de vida a partir da dimensão da car-

---

[2]. Cf. DE LA POTTERIE, I. & LYONNET, S. *La vie selon l'esprit*. Paris, 1965, p. 161-195.

ne; contenta-se com o que o mundo pode oferecer e recalca as intimações que vêm do espírito. Paulo nos previne contra este tipo de opção fundamental porque ela não desemboca no Reino de Deus (Gl 5,21). Este projeto se concretiza em obras como "a prostituição, a impureza, a libertinagem, a idolatria, as feitiçarias, os ódios, as discórdias, os ciúmes, as iras, as rixas, as dissensões, as divisões, as invejas, as bebedeiras, as orgias e outras como estas" (Gl 5,20).

Mas não devemos ficar nestas generalidades. O projeto da carne se historifica hoje mediante práticas sociais voltadas para a acumulação de riqueza em poucas mãos em detrimento das grandes maiorias entregues à miséria e à fome. O sistema social que vigora em nossos países é profundamente dissimétrico, gerando injustiças institucionalizadas e pecado social, como foi profeticamente denunciado por Puebla (n. 186; 173). Com suas seduções e ilusões introjetadas nas mentes dos homens se constitui em permanente tentação coletiva para o egoísmo, a insensibilidade e a ruptura da fraternidade. É um projeto de antivida e seu fruto é a morte.

É possível também orientar a vida a partir da dimensão do espírito. Assume-se a totalidade das manifestações da vida (também aquelas da carne) a partir da ótica de Deus e de um destino mais participado para todos os homens. Este projeto de vida segundo o espírito (Gl 5,25) exterioriza-se pela "caridade, alegria, paz, longanimidade, afabilidade, bondade, fidelidade, mansidão, continência" (Gl 5,22). Este projeto faz desabrochar a vida. E as Escrituras prometem: "Escolhe a vida e então viverás" (Ex 30,19).

Novamente, importa historificar estes ideais dentro dos limites de nosso tempo. Todos aqueles que atualmente se comprometem na gestação de relações de produção e de convivência que ajudam na comunhão e na participação, em todos os níveis da vida, ao maior número possível de pessoas, estão realizando o projeto do espírito. Só numa sociedade assim existem condições reais e não fantasiosas para a emergência dos frutos do espírito como Paulo os recordou.

O drama da condição humana reside no fato de que estes dois projetos se interpenetram. O homem que optar pelo projeto do espírito deve lutar consigo mesmo e contra o projeto da carne que o fustiga por dentro: "No íntimo do meu ser amo o projeto de Deus. Mas sinto nos membros outro projeto que luta contra o projeto do espírito e me prende ao projeto do pecado que está nos meus membros. Infeliz de mim. Quem me livrará...?" (Rm 7,23-24)[3].

Para afirmar-se e sustentar-se, o projeto do espírito se vê obrigado a arrostar sofrimentos e provações implicados no próprio conceito de fidelidade à opção fundamental. Tais atribulações, apesar de seu caráter doloroso, estão carregadas de sentido: ratificam, consolidam e acrisolam a opção fundamental. Judite em seu famoso discurso ao povo antes de assassinar Holofernes recorda aquilo que é quase um lugar-comum ao largo de todas as Escrituras: "Lembrem-se de que nossos pais foram tentados, a fim de comprovar se de fato honravam a Deus. Lembrem-se como foi tentado o nosso pai Abraão (Gn 22), o qual, depois de ser provado com múltiplas tribulações, se tornou amigo de Deus. Assim Isaac, assim Jacó, assim Moisés e todos os que agradaram a Deus permaneceram fiéis apesar das muitas provações" (Jd 9,21-23). A provação neste sentido é o preço a pagar pela

---

[3]. Cf. LIBÂNIO, J.B. *Pecado e opção fundamental*. Petrópolis: Vozes, 1975, p. 42-87.

fidelidade a Deus. Sua função não é castigo, mas acrisolamento (1Pd 1,6). É até objeto de súplica: "escrutai-me, Senhor, e provai-me; passai ao fogo os meus rins e o meu coração" (Sl 26,2; 139,23). Outras vezes dá-se graças a Deus pela provação: "Tu nos provaste, ó Deus, e acrisolaste-nos como se acrisola a prata" (Sl 66,10; Is 48,10; Jo 23,10; Eclo 44,20). S. Tiago pede que consideremos as provações como "suma alegria" (Tg 1,2). É para fazer o bom ainda melhor que elas afloram na vida.

Todas estas reflexões de ordem antropológica se fizeram necessárias para entendermos melhor as tentações, objeto de petição do Pai-nosso. Importa superar uma compreensão moralizante das tentações (de si muito superficial) e penetrar numa dimensão mais estrutural para percebermos seu enraizamento dentro da própria natureza humana. Sem esta visão não logramos captar adequadamente as tentações de Jesus nem seu caráter exemplar para a nossa vida.

O ser humano é, pois, estruturalmente tentável e sujeito às solicitações da carne e do espírito. Emerge como um ser concupiscente. Esta situação em si mesma não é má; ela nos dá conta do superabundante dinamismo da vida humana carnal-espiritual. O mal propriamente não está em ter tentações, mas em cair nelas; suplica-se a Deus não de ser poupado da tentação, mas de ser amparado na tentação.

2. O homem: um ser lábil

A única e real desgraça do ser humano é que ele, historicamente, caiu e continua caindo na tentação. A provação como toda crise (seu sentido originário significa acrisolar e purificar) deixa de ser chance de crescimento e se transforma em oportunidade de queda e de negatividade. O pecado como negação do amor a Deus, ao irmão e ao mundo atravessa tragicamente toda a história humana. E esta tragédia é tanto mais sinistra quanto mais tomamos consciência do caráter excessivo do pecado humano. O Vaticano II constata que o "homem se sente incapaz de dominar com eficácia os ataques do mal; sente-se aferrolhado em cadeias" (*Gaudium et Spes*, 13). A grande recusa possui sua história e suas vítimas que, no fundo, é cada pessoa que entra neste mundo. Nascemos dentro de uma atmosfera poluída em termos salvíficos; somos feitos anêmicos pela situação histórica de pecado pessoal e institucional, incapacitando-nos mais e mais de fazer das provações caminho de ascensão e deixando que elas degenerem em tentações para a infidelidade e a negação de nosso próprio ser. A justiça original significava a força de poder integrar todo o dinamismo da carne e do espírito num projeto centrado em Deus como filhos, nos outros como irmãos e no mundo como livres administradores dos bens terrenos. O pecado desatou as amarras e cada pulsão segue o seu próprio rumo, lacerando a unidade humana[4].

Por que o homem pode pecar, resistir à verdade, fazer-se insensível à comunhão e ao amor? Não poderia Deus ter construído diferentemente o ser humano? Deus não está totalmente isento da tragédia do pecado, porque se é verdade que Ele não é autor do pecado, é pelo menos seu permissor. Podendo em sua onipotência, não impediu nem impede a realização do pecado, mas permite-o. Na fé sabemos que se Ele o permite é porque sabe tirar do mal um bem maior. Mas não nos é dado assistir à revelação deste bem maior,

---

[4]. Para toda esta problemática veja: BOFF, L. O pecado original – Discussão antiga e moderna e pistas de equacionamento. In: *Grande Sinal* 29 (1975), p. 109-133; Villalmonte, A. *El Pecado Original*. Salamanca, 1978.

por mais que Santo Agostinho cante "ó feliz culpa"! Ansiosos esperamos pela gloriosa revelação de seu desígnio de amor (cf. Rm 8,18). A teologia em seu afã de compreensão tenta lançar alguma luz sobre este mistério de iniquidade.

Para que haja o pecado é preciso que previamente exista a possibilidade do pecado. E esta possibilidade está ligada ao próprio mistério da criação[5]. Dizer criação é dizer dependência. Todo ser criado depende de Deus em sua existência e subsistência; é de Deus, por Deus e para Deus. Comparada com a perfeição divina, a criação é imperfeita. Esta imperfeição não é nenhum mal que se deve lamentar ou reparar. Pelo fato de o mundo não ser Deus nem emanação do próprio Deus (Pessoas divinas), ele é separado, diferente, limitado e dependente. Sua razão última não reside nele mesmo, mas exige alguém que o elucide. Esta situação é objetiva e descreve a estrutura do ser criado. Com o homem surge a consciência da perfeição de Deus e da imperfeição da criatura. O espírito humano capta a defasagem entre uma realidade suprema e infinita (Deus) e uma realidade contingente e finita (o mundo com todos os seus seres). Esta apreensão se mostra como angústia e sofrimento. Esta angústia e este sofrimento não são curáveis por nenhuma terapia ou medicina. Constituem uma estrutura ontológica do ser humano e expressam a sua dignidade criacional. Só o homem se eleva acima dos seres finitos e entabula um diálogo com o Infinito. Só ele está colocado entre ambos. Nem é só do mundo, embora pertença ao mundo, nem é só de Deus, não obstante sentir-se imagem e semelhança de

---

5. Cf. KAMP, J. *Souffrance de Dieu, vie du monde.* Casterman, 1971, p. 47-92. • BOFF, L. *Teologia do cativeiro e da libertação.* Lisboa, 1976, p. 117-134.

Deus; ele emerge como um ser entre Deus e o mundo. Esta pertença a duas dimensões da realidade o fazem sofrer, pois elas o atravessam por inteiro; ele é carne (do mundo) e é espírito (de Deus), perfeito e imperfeito.

Esta imperfeição é inocente e, na verdade, não causa maiores problemas. Mas constitui a condição de possibilidade da provação, da tentação e do pecado. O homem criado criador pode não acolher esta imperfeição e finitude; pode querer ser como Deus (Gn 3,5). Como é Deus? A realidade de infinita bondade e amor que existe e subsiste em si mesma; que não necessita de outra instância para explicar sua própria verdade. Ele é a Verdade, o Bem, o Supremo. O homem, ao contrário, sente-se, como criatura, sempre remetido a Deus; não existe em si e para si mesmo; não encontra o fundamento em si, mas em Deus. Querer ser como Deus é querer o impossível: jamais poderá ser como Deus, pois deixaria de ser criatura. Pecado é a recusa a aceitar sua própria limitação e o sofrimento de um espírito na carne. Por isso que o pecado é sempre uma violência contra o sentido da criação que se acolhe como tal. Tal atitude é soberba (*hybris* das tragédias gregas) e desmesurada presunção. Este é o mal verdadeiro, o pecado histórico, resultado do exercício abusivo da liberdade. Este pecado foi se acumulando nas sociedades humanas, constituindo o pecado do mundo; criou seus mecanismos de internalização nas pessoas, em seus projetos de vida e transformou-se numa como que segunda natureza nossa. Por isso o convívio humano é concupiscente no sentido pejorativo da palavra; é tentador e solicitador para o mal. Por isso S. Tiago diz bem: "Deus não tenta ninguém. Cada um é tentado por sua própria concupiscência que alicia e seduz" (Tg 1,13-14). Concretamente, em cada um de nós não existe apenas o chamado para a alteridade, para a entrega, para a comunhão, mas também a solicitação para o egoísmo, a vingança e os instintos de morte. Sentimo-nos simultaneamente justos e pecadores, oprimidos e libertados. Podemos escapar desta trágica situação? Paulo se perguntava: "Quem me libertará deste corpo de morte" (Rm 7,24)? E respondia aliviado: "Graças a Deus, por Jesus Cristo Nosso Senhor!" (Rm 7,25). Consideremos como isto ocorreu.

3. Também tentado, Jesus pode ajudar os tentados

Os testemunhos escriturísticos são explícitos em afirmar o fato da tentação de Jesus (Mc 1,13; Mt 4,3; Lc 22,28; Mt 26,41); "passou pelas mesmas provações que nós" (Hb 4,15); "foi tentado e por isso pode ajudar os tentados" (Hb 2,18). Precisamos colocar em seus termos exatos a tentação em Jesus. Evidentemente ela incide sobre a humanidade de Jesus diretamente e indiretamente sobre sua divindade porque esta sua humanidade tentada é a humanidade de Deus. Em Jesus está presente o Deus *encarnado*, e como tal despojado de suas qualidades divinas e identificado com as limitações humanas. É o conteúdo essencial do mistério da encarnação. O Filho não se apropriou de uma natureza abstrata, mas aquela histórica e concreta de Jesus de Nazaré. Jesus de Nazaré em sua humanidade não pode ser compreendido fora dos quadros históricos; vale dizer, a humanidade assumida vem marcada pela história de pecado; nela nem tudo está ordenado para o projeto de Deus; na formulação paulina se enfatiza que "Deus enviou seu Filho em forma de carne de pecado" (Rm 8,3) ou simplesmente como testemunha S. João: "O Verbo se fez carne", quer dizer, entrou em nossa obscura situação decadente e rebelada.

Sendo verdadeiro homem, Jesus participa da condição concupiscente (em sentido positivo) como a temos delineado mais acima. Nela há tendências do homem-carne e do homem-espírito. Sendo ainda peregrino e não em estado escatológico, "ele está cercado de fraqueza" (Hb 5,2); vive, como todos os viajores, na penumbra da história; nem tudo é diáfano e transparente; por isso há lugar para a fé e a esperança (Hb 12,1); se ele é perfeito, entretanto, não é ainda consumado. Vive em absoluta entrega ao Pai e em total fidelidade à sua vontade. Sem embargo, esta vontade vai se revelando lentamente em sua trajetória. Sente-se o libertador enviado por Deus; os passos desta libertação total não são totalmente diáfanos. Que passos o Pai quer para o seu Filho? Na medida em que realiza sua missão, Jesus tem a nítida consciência de que a instauração do Reino não passa pelas mediações do poder político ou sagrado ou carismático-miraculoso. Seu caminho é aquele do Servo sofredor, do Justo que se entrega em redenção de todos os pecadores. As tentações de Jesus não devem ser entendidas como solicitações para o mal e para o pecado. Porque vivia sempre centrado no Pai, esta possibilidade histórica estava descartada. Suas tentações consistiam na busca, sempre fiel, dos passos concretos que historificavam a vontade de Deus. Nisso Jesus tinha que superar perplexidades, decepções com o povo, com os fariseus e com os apóstolos e incompreensões que culminaram com difamações e perseguições[6]. Neste sentido Jesus foi tentado (provado e submetido à prova) e "dirigiu preces e súplicas entre clamores e lágrimas" (Hb 5,7). No Jardim das Oliveiras "cheio de angústia orava com

---

6. Cf. SCHILLEBEECKX, E. Jesus e o fracasso na vida humana. In: *Concilium* n. 113 (1976), p. 88-99.

maior instância" (Lc 22,41). A Epístola aos hebreus comenta com profundo realismo: "Embora fosse Filho, por seus sofrimentos aprendeu a obedecer" (5,8). Toda obediência é onerosa. Jesus passou pela prova deste ônus; triunfou. Por isso pode ser exemplo para os que o seguem.

Os evangelhos traçam um fio condutor que atravessa toda a vida de Jesus, mostrando seu enfrentamento com satã, a corporificação da tentação e do mal[7]. O Messias vai desbaratando ponto por ponto o demônio e libertando toda a criação. Assim, imediatamente após sua aparição pública por ocasião do batismo, ele é levado para o campo próprio do inimigo (o deserto) para aí ser tentado pelo sedutor (Mc 1,13; Mt 4,3). O demônio é repelido; mas ele quer ganhar tempo (Mt 8,29) e aguarda o momento aprazado (Lc 4,13); Jesus não lhe dá folga e o expulsa lá onde o encontra, nas enfermidades, na dureza de coração dos fariseus. Mas ele é o *inimicus homo* que semeia cizânia no meio do trigo (Mt 13,25.39) e penetra no coração de Judas (Lc 22,3; Jo 13, 2.27), procurando também peneirar Simão e os apóstolos como o trigo (Lc 22,31). Jesus mesmo pede aos apóstolos que fiquem com Ele em suas tentações (Lc 22,28). Ele assalta de forma decisiva na agonia do Jardim das Oliveiras onde Jesus suplica: "Rezai para não entrardes em tentação" (Lc 22,40). Por fim joga toda sua força na cruz, levando Jesus quase ao desespero a ponto de gritar: "Meu Deus, meu Deus, por que me abandonaste?" (Mc 15,34). Entretanto Jesus aqui o derrota definitivamente, pois entrega o seu espírito não a ele, mas ao Pai (Lc 23,46).

---

7. Cf. VAN DEN BUSSCHE, H. *Le notre Père*. Bruxelas-Paris, 1960, p. 100-102. • LOHMEYER, E. *Das Vater-unser*. Zurique, 1952, p. 135-143.

Como se depreende, as tentações não foram um momento da vida de Jesus, mas uma sombra escura que o acompanhou ao largo de todo o seu trajeto histórico. O Reino de Deus se constrói contra o reino do maligno; este não está inerte e faz sentir sua iniquidade. Jesus, portanto, foi triunfando sobre a história do pecado com suas tentações em sua própria carne (Rm 8,3), não de fora numa soberana distância e inalcançável pelos tentáculos da tribulação. A grandeza de Jesus não está em não ter tentações, mas em poder superá-las todas.

4. Da grande tentação, livrai-nos, Senhor!

Desde o seu começo (Gn 3) até o seu termo (Ap 3,10) a humanidade e cada um estão expostos à tentação e à sedução. Com a adesão a Cristo e à comunidade de seus seguidores somos fortificados contra as investidas do pecado do mundo e introduzidos no Reino do Filho bem amado (Cl 1,13; cf. Ef 6,12; Gl 1,4). Entretanto, enquanto perdurar a vida, a batalha continua e "importa não dar lugar ao demônio" (Ef 4,27). Mas chega o momento do grande enfrentamento final, no termo derradeiro do mundo[8]. É a "hora da tentação... a fim de provar os habitantes da terra" (Ap 3,10). Nas palavras de Jesus: "a iniquidade vai transbordar e a caridade arrefecer em muitos" (Mt 24,12). Surgirão falsos profetas que farão grandes prodígios (Mc 13,22; Mt

---

[8]. O sentido originário da petição se situa no horizonte apocalíptico-escatológico: veja para isso BROWN, R.E. The Pater Noster as an Eschatological Prayer. In: *Theological Studies* 22 (1961), p. 204-208; muito elucidativo é o estudo de KUHN, K. Jesus in Gethsemani. In: *Evangelische Theologie* 12 (1952), p. 260-285.

24,24) e enganarão a muitos, pois se apresentam com signos de Cristo e do sagrado. Se Deus não se apiedasse dos justos "ninguém se salvaria" (Mt 24,22). A tentação radical é da infidelidade a Cristo e a seu Reino. Campeia o perigo terrível da defecção e da apostasia final (2Pd 2,9).

Neste contexto faz sentido a súplica angustiada do discípulo: "E não nos deixeis cair em tentação"! Esta angústia entretanto vem banhada pela serenidade de quem já invocou o Pai, a vinda do Reino e o cumprimento pleno de sua vontade. Já sabemos da vitória de Deus por Jesus Cristo. Ouvimos sua palavra: "Coragem, eu venci o mundo" (Jo 16,33), e sabemos que sua oração foi atendida: "Não rezo para tirá-los do mundo, mas para guardá-los do mal" (Jo 17,15). Apesar de tudo, importa vigiar (Mc 13,23) e pedir a perseverança até o fim, pois só então seremos salvos (Mc 13,13).

Esta súplica não possui apenas uma dimensão escatológica universal. Ela vale também para quando a escatologia se realiza individualmente. Ao morrer passaremos pelo juízo; eclodirá a crise mais radical de nossa existência com a possibilidade de uma plena purificação para a vida no Reino de Deus. Aqui se joga a decisão mais profunda e derradeira, fruto de todas as decisões da vida humana. Poderá periclitar a esperança e esmorecer a entrega confiante. O fantasma da dúvida e do desespero poderá desenhar-se à nossa mente. A obscuridade do sentido da vida poderá obnubilar a face do Pai de infinita bondade, minar a certeza do Reino e pôr em dúvida sua vontade salvadora. Então faz-se mister suplicar e gritar: "E não nos deixeis cair em tentação"!

X
Mas livrai-nos do mal

> Dois judeus e uma criança acabavam de ser enforcados em Auschwitz, em presença de todos os presos. Os dois judeus morreram rapidamente. A criança, entretanto, custava a morrer. Então alguém gritou atrás de mim: onde está Deus? E eu calei. Depois de alguns momentos tornou a gritar: Afinal, onde está Deus? E uma voz dentro de mim respondeu: Onde está Deus? Está aí pendurado na forca!
>
> (J. Moltmann, SELECCIONES DE TEOLOGIA, 12 (1973), 6)

Se a súplica "e não nos deixeis cair em tentação" encerra angústia, a petição final do Pai-nosso alcança o paroxismo do grito do homem a seu Pai: "mas livrai-nos do mal"! Agora não resta mais nada a pedir, pois se pediu tudo. Libertados do mal e do maligno estamos prontos para gozar da liberdade dos filhos de Deus no Reino do Pai. Vencido o mal, o Reino pode vir e inaugurar o novo céu e a nova terra onde o Nome de Deus é santificado e sua vontade feita plenamente. Mas importa vencer o mal, pois ele persiste ainda na história e ameaça continuamente os homens, "qual leão que ruge, rondando à procura de quem devorar" (cf. 1Pd 5,8).

1. A situação de maldade

Cumpre não bagatelizar a consciência do mal. Não se trata de algo estático ou um mero desvio da ação humana que não atinge a meta que deve ser alcançada. É muito mais; é um dinamismo, uma direção da história e um projeto de vida. O mal, neste sentido, possui a característica de uma estrutura; a estrutura organiza um sistema de transformações que confere unidade e coerência, totalidade e autorregulagem a todos os processos mantendo-os dentro das fronteiras do sistema[1]. Esta estrutura cria suas conjunturas de pecado e de maldade; conjuntura é todo arranjo de elementos dentro de um sistema de fundo caracterizando um determinado momento histórico. Os atos maus são expressões de estruturas e conjunturas más prévias. As pessoas podem se apropriar destas estruturas e conjunturas, internalizá-las dentro de sua existência, fazê-las verdadeiros projetos de vida e assim elas passam a ter práticas iníquas e pecaminosas. Para exemplificar: Puebla denuncia o sistema capitalista como sistema de pecado (n. 92); principalmente devido a ele, se consubstanciam no Continente latino-americano "estruturas de pecado" (452) e se gera "um conflito estrutural grave: a crescente riqueza de alguns poucos corre paralela com a crescente miséria das massas" (1209). Este sistema cria suas conjunturas econômicas e políticas conflitivas: repressão sindical e política, regimes de segurança nacional, crises sociais etc. Os acontecimentos políticos relatados pela imprensa diária são corporificações deste pano de fundo. As pessoas concretas assumem como projeto de vida social este sistema que, por sua própria essência, é ex-

---

1. Cf. PIAGET, J. *Le Structuralisme*. Paris, 1968, p. 5-16.

cludente, acumulador da riqueza e dos benefícios em poucas mãos e com parca responsabilidade social e passam a ser agentes mantenedores do sistema e participantes de sua iniquidade[2]. Assim se estabelece o circuito do mal.

O mal existe na história porque existe a tentação. E os homens caíram na tentação; houve pecado, traição dos apelos da consciência, desobediência à voz de Deus, geralmente se fazendo ouvir pela linguagem dos sinais dos tempos[3]. E este pecado criou sua própria história, seus mecanismos de produção e ganhou sua relativa autonomia; ele possui poder sobre cada um de nós a ponto de sentirmo-nos escravizados: "eu sou vendido como escravo ao pecado... não faço o bem que quero e sim o mal que não quero... sinto nos membros uma lei... que me prende à lei do pecado que está nos meus membros" (Rm 7,14.19.22). Vivemos numa situação de pecado, chamada por S. João de pecado do mundo (Jo 1,29). Convém esclarecer que o pecado do mundo não significa o mundo como pecado. Primeiramente o mundo é a criação boa de Deus para a qual o Pai enviou o seu Filho muito amado (Jo 1,9-10; 3,16; 2Cor 5,19; 1Tm 1,15); entretanto a criação foi contaminada pela maldade histórica do homem; "o pecado entrou no mundo" (Rm 5,12) e corrompeu não totalmente, mas profundamente o mundo (cf. Tg 1,27); então este mundo, assim como se encontra no presente momento, está na inimizade com Deus (Tg 4,4), produz tristeza (Rm 7,10) e não conheceu Jesus Cristo (Jo 1,10). Mundo, portanto, não é uma categoria metafísica, mas histórica, este mundo, o tipo de homens capazes "de

---

[2]. Cf. TÁMEZ, E. & TRINIDAD, S. et al. *Capitalismo*: violencia y anti-vida. 2 v. Costa Rica, 1978.

[3]. Cf. BOFF, Cl. *Os sinais dos tempos* – Pautas de leitura. São Paulo, 1979, que é, indiscutivelmente, o trabalho mais sério sobre o tema.

aprisionar na injustiça a verdade" (Rm 1,18), de "derramar o sangue dos profetas desde o princípio do mundo" (Lc 11,50) e de se carregar com todo tipo de falsidades e pecados (cf. Mt 23,29-36).

A gravidade do pecado consiste em que ele constitui uma situação ou uma estrutura. Toda situação possui seu grau de independência e de objetividade; o pecado não é só pessoal, é principalmente social e histórico. Por situação entendemos "aquele complexo de circunstâncias em que alguém se encontra em dado momento; a situação se acha em torno de uma pessoa, envolve-a, faz parte do mundo que a cerca"[4]. Esta situação não era fatal, mas se tornou fatal. Não era fatal porque foi criada pelos pecados dos homens ao largo de toda a história. Os pecados não morrem com as pessoas, mas se perpetuam por aquelas ações que sobrevivem às pessoas, como as instituições, os preconceitos, as normas morais e jurídicas, os hábitos culturais; muitíssimos deles perenizam vícios, discriminações raciais e morais, injustiças contra grupos e classes humanas; pelo simples fato de alguém nascer negro ou pobre já vem estigmatizado socialmente. Esta situação criada historicamente se torna fatalidade para aqueles que nascem dentro dela; tornam-se vítimas dos processos de socialização e internalização das normas tradicionadas, muitas vezes, veiculadores de maldade e de pecado. A pessoa se encontra já situada, independentemente de sua vontade ou de suas decisões. Participa destarte do pecado do mundo; e, na medida em que se apropria e aceita a situação, acrescenta o pecado do mundo com seus próprios pecados pessoais. Portanto, por um lado é vítima do pecado do mundo (encontra-se já situada), por

---

4. SCHOONENBERG, P. O pecado do mundo. In: *Mysterium Salutis* II/3. Petrópolis: Vozes, 1972, p. 306.

outro faz-se agente reprodutor do pecado do mundo mediante seus pecados pessoais (ajuda a manter e a recriar a situação). Vigora uma sinistra solidariedade no mal entre todos os homens no decurso de toda a história (cf. Rm 5, 12.17). Mas importa não perder a perspectiva: se grande é a solidariedade com o velho Adão, muito maior é com o novo Adão, porque "onde abundou o pecado, superabundou a graça" (Rm 5,20) e "se reinou a morte... muito mais reinará a vida" (Rm 5,17). Mas faz-se mister não relevar a importância do mal; ele é tão forte que pôde eliminar o Filho de Deus quando apareceu encarnado dentro de nossa história (Jo 1,11); e continua a rechaçar os demais filhos de Deus até os dias de hoje[5].

2. Corporificações da maldade

Quem está por detrás do mal? Quem é o causador da maldade? As Escrituras nisso são claríssimas. Existe um ente espiritual que é por definição o "sedutor" (Mt 4,3), o "inimigo" (Mt 13,39; Lc 10,19), o grande dragão (Ap 13,13; 20,2), a antiga serpente (Ap 12,9; 20,2; 12,14; 2Cor 11,3), o homicida e mentiroso desde o princípio (Jo 8,44; 1Jo 3,8), o diabo (Mt 13,39; Lc 8,12; At 10,38), Satã (Mc 3,23.26; 4,15; Lc 9,16), Belzebu (Mt 12,24.27; Mc 3,22; Lc 11,15. 18.19) e príncipe deste mundo (Jo 12,31; cf. 2Cor 4,4; Ef 2,2). Ele é simplesmente o maligno, causador da mentira, do ódio, das enfermidades e da morte (Mc 3,23-30; Lc 13,16; At 10,38; Hb 2,14); quem não cumpre com a justiça nem ama a seu irmão (1Jo 3,10) revela-se como filho do diabo, como Caim (1Jo 3,12) ou Judas Iscariotes (Jo 6,70;

---

5. BOFF, L. O pecado original – Discussão antiga e moderna e pistas de equacionamento. In: *Grande Sinal* 29 (1975), p. 109-133.

13,2.27). O joio são os filhos do maligno que se opõem aos filhos do Reino (Mt 13,38), que é o Reino de Deus.

Como se há de entender este ente espiritual maligno? Trata-se, efetivamente, de um ser criado bom por Deus, mas que submetido a alguma provação caiu em rebelião contra Deus, transformando-se por antonomásia no maligno? Ou se trata de um recurso literário, de uma personificação metafórica para traduzir a experiência de que nos sentimos cativos da maldade difusa e gerada historicamente pelas apostasias dos próprios homens? Esta questão é importante para esta última petição do Pai-nosso. O "mal" deve ser entendido como o maligno ou como a maldade? Livrai-nos do mal (do pecado, do desespero, da enfermidade, da morte) ou do maligno (do diabo, de satã)?

As opiniões dos exegetas continuam divergentes porque, gramaticalmente, a questão não pode ser resolvida de forma satisfatória[6]. A grande maioria, entretanto, entende "mal" como o Maligno (Satanás, o diabo). Esta petição final intensificaria a precedente: "e não nos deixeis cair na tentação" e sobretudo (o sentido de mas) "livrai-nos do Maligno".

---

6. Cf. SABOURIN, L. *Il vangelo di Matteo* – Teologia e Esegesi. Roma, 1976, p. 448-450. • SCHMID, J. *Das Evangelium nach Mattäus* (*Regensburger Neues Testament* 1). Regensburg, 1965, p. 133-135. • LOHMEYER, E. *Das Vater-unser*. Zurique, 1952, p. 147-162. Em grego está *apo tou ponerou*; o substantivo (*ponerou*) encontra-se no genitivo; não sabemos morfologicamente se o nominativo é neutro (*poneron*) ou o masculino (*poneros*). No primeiro caso significaria a maldade, o mal; no segundo o maligno. Provavelmente se usou o masculino (*poneros*) – o maligno – devido ao artigo que o precede (*tou*). Se fosse o neutro (*poneron*) – a maldade – normalmente viria sem o artigo. Lucas omite esta petição; ela só se encontra em Mateus. Os Padres Gregos, sensíveis às nuanças de sua própria língua, interpretaram-no no sentido de maligno. Os latinos, ao contrário, porque em latim não existe o artigo – *libera nos a malo* –, entenderam-no no sentido de maldade, mal (neutro).

O contexto do Pai-nosso, como o enunciamos repetidas vezes, é apocalíptico-escatológico. No termo da história acontecerá o grande enfrentamento entre o Cristo e o Anticristo, entre os filhos do Reino e os filhos do Maligno (Mt 5,38). Cada qual empenhará todas as suas forças; o homem, historicamente enfraquecido e pecador, correrá um risco perigosíssimo; poderá apostatar e cair nas ciladas do Demônio. Neste contexto, o fiel suplica das profundezas de seu ser e de sua angústia: "Pai, livrai-me diante do Maligno, quando ele aparecer"! A expressão do original grego não diz: "livrai-nos do Maligno", mas "livrai-nos diante do Maligno"; vale dizer: antes que ele invista toda sua força e todas as suas artimanhas, arranque-nos e transporte-nos para o Reino dos céus. Paulo diz excelentemente: "Deus Pai nos arrancou (libertou e subtraiu) do poder das trevas e nos transportou ao Reino do seu Filho bem amado" (Cl 1,13).

Se os exegetas interpretam o "mal" por "maligno", isto não significa que já se decidiu teologicamente o problema que envolve a existência do maligno (satanás, demônio). Não é suficiente constatar que nas Escrituras se fala, claramente, do maligno. Cumpre perguntar pelo conteúdo real e teológico desta expressão. Trata-se de um ser espiritual ou de uma corporificação literária da densidade do mal? Neste ponto precisa-se mais do que uma exegese séria; faz-se mister uma reflexão de ordem epistemológica e teológica.

Sabemos que a questão dos demônios é objeto de acirrados debates ao nível da reflexão sistemática[7]. Não são poucos os teólogos que tendem a atribuir uma existência

---

[7]. Para esta questão vejam-se as duas posições básicas: DUQUOC, Ch. Satan – symbole ou réalité. In: *Lumière et Vie* 78 (1966), p. 99-105; HAAG, H. *El diablo, un fantasma*. Barcelona, 1973, e RATZINGER, J. Abschied vom Teufel?. In: *Dogma und Verkündigung*. Munique, 1973, p. 225-234.

meramente simbólica aos demônios. É importante a ponderação do grande exegeta católico Rudolf Schnackenburg:

"Voltou a ganhar atualidade a pergunta se é necessário entender a satanás (prescindindo das concepções mitológicas e "humanizadas") como um poder espiritual pessoal ou somente como encarnação do mal, assim como este mal se apresenta e domina a história através da atuação dos homens. Hoje eu não defenderia a primeira opinião com tanta certeza como no passado. O debate sobre a desmitização convida à prudência. O problema de até que ponto se podem e se devem interpretar, de acordo com nossos conhecimentos atuais, as afirmações do Novo Testamento vinculadas a uma concepção do mundo já superada é muito difícil e não pode ser respondido por um só exegeta. E isto vale também para a discussão, agora novamente acesa acerca dos anjos e dos demônios. A diversidade das afirmações, as formas estilísticas cunhadas previamente, as múltiplas raízes das concepções sobre satanás, os demônios e os "poderes", tudo converge para a indicação do fato de que com tudo isto nos enfrentamos com modos de expressão que não devem ser interpretados ao pé da letra, como se tivessem conteúdos reais"[8].

Esta posição revela grande honestidade intelectual face às investigações da ciência exegética e ao mesmo tempo a consciência da dificuldade de resolver o problema apenas com o recurso desta ciência. Não queremos decidir a questão ainda em discussão[9]. Apenas queremos chamar a aten-

---

8. Der Sinn der Versuchung Jesu bei den Synoptikern. In: *Schriften zum Neuen Testament*. Munique, 1971, p. 127.

9. Veja a obra fundamental em colaboração com outros exegetas e teólogos: HAAG, H. *El diablo* – Su existência como problema. Barcelona: Herder, 1978.

ção sobre o fato de que é próprio do pensamento religioso universal não mover-se dentro de princípios abstratos, mas de forças vivas, benéficas ou maléficas que assumem uma consistência metafísica objetiva[10]. O mal nunca é experimentado de forma vaga e abstrata bem como a graça e o bem. Sempre temos a ver com situações concretas favoráveis ou desfavoráveis, com forças históricas desagregadoras ou construtoras de sociabilidade humana, digna e fraterna, com ideologias de poder e dominação ou de colaboração e participação, com portadores concretos em forma de grupos ou de pessoas que corporificam estas ideologias em práticas sociais. O mal tem um rosto definido, embora use sempre máscaras e disfarces.

No Antigo Testamento, por exemplo, apresentam-se semelhantes encarnações de poderes políticos que se levantam contra Deus e seu povo santo: em Gog e Magog (Ez 38) ou no "pequeno corno" e na quarta besta no livro de Daniel (7,7-8) que, provavelmente, representava o império sírio de Antíoco IV, Epífanes (175-164 aC) sob o qual o povo de Israel foi duramente oprimido (Dn 7,25). Em ambientes apocalípticos se elaborou uma teologia "do tirano dos fins dos tempos" como o último e grande adversário de Deus. O Novo Testamento projetou a figura do Anticristo (2Ts 2,1-12; Ap 13,1-11; 1Jo 2,18-19; 4,3; 2Jo 7); ele conhece uma parusia semelhante àquela de Cristo e terá ao redor de si uma comunidade de perversos (2Ts 2,9; Ap 13,8). Cristo encarna o mistério da piedade (1Tm 3,16), o Anticristo o mistério da iniquidade (2Ts 2,7)[11].

---

[10]. Cf. VAN DER LEEUW, G. *Phänomenologie der Religion*. Tübingen, 1956, § 15, p. 141-149; § 19, p. 185-195.

[11]. Cf. ERNST, J. *Die eschatologischen Gegenspieler in der Schriften des Neuen Testaments*. Regensburg, 1967, p. 211-240.

A metafísica religiosa, com sua tendência à concretização, hipostasia estas realidades, dentro de um quadro sobrenatural. É o específico de sua linguagem e a gramática de seu discurso. A compreensão teológica, no entanto, visa superar as imagens e deve, na medida do possível, identificar as realidades e seus respectivos conceitos. Embora pareça dessacralizador, ela tende a entendê-las como realidades intra-históricas, manifestações da maldade humana que ganha corpo em forças e representações coletivas, face às quais os indivíduos dificilmente podem se proteger. O maligno seria simplesmente a organização da injustiça, do desvio do homem de sua vocação essencial, a aberração que se estratificou historicamente e que sempre faz e fará oposição ao espírito de Deus, da justiça, da bondade, numa palavra, às realidades do Reino.

Podemos supor que o desenvolvimento psicossocial não caminha, inexoravelmente, na direção do crescimento da verdade, da concórdia, da comunhão e da participação de todos em tudo, mas na exasperação das contradições. Neste tipo de representação, a consumação do mundo significará um imenso processo de catársis e de crise acrisoladora no termo do qual Deus triunfará e conduzirá a história a uma etapa trans-histórica. *Et tunc erit finis*, vale dizer, então será o fim num duplo sentido: terminará este tipo dialético de história e se inaugurará a meta nova da história, sempre suspirada e ansiada, em Deus. A fé expressa esta verdade dentro de seu registro simbólico: "com a manifestação de sua vinda, o Senhor Jesus aniquilará o iníquo com um sopro de sua boca" (2Ts 2,8).

3. Jesus e a vitória sobre o mal

Há uma convicção profunda e unânime de todos os textos do Novo Testamento de que Jesus é o grande libertador do poder de satanás[12]. Para a compreensão mitológica do tempo, todas as maldades e enfermidades entre os homens significavam manifestação do poder de satanás. Ele mantém cativa a humanidade porque esta está sujeita a toda sorte de tribulações; mas agora apareceu o mais forte que vence o forte (Mt 3,27). Jesus participa desta metafísica religiosa. Entende satanás como uma força dentro da história (*dínamis*: Lc 10,19) que se organiza como um exército de soldados (cf. Mc 5,9; Mt 10,25). Ele mesmo tem consciência de que chegou o fim do poderio de satanás: "Se eu expulso os demônios pelo dedo de Deus, sem dúvida alguma chegou até vós o Reino de Deus" (Lc 11,20). O Reino de Deus se constrói contra o Reino deste mundo, infligindo derrotas sobre o maligno (cf. Mc 1,23-25.39; 4,39; Lc 13,16)[13]. Cada expulsão de demônios significa um passo na vitória sobre ele, antecipando sua derrocada final. Este poder vitorioso é comunicado aos discípulos (Mc 6,7; Mt 10,8; Lc 10,19). Quando os setenta e dois discípulos retornam alegres da missão dizendo: "Senhor, até os demônios se submetem em teu nome", Jesus participa do regozijo e diz: "Eu vi satanás cair do céu como um raio" (Lc 10,17-18). É uma visão que Jesus tem; vê na aniquilação do poderio de satanás a irrupção da situação paradisíaca, do homem reconciliado com a natureza, pois "nada mais vos fará mal" (Lc 10,19).

Entretanto, por mais importante que seja esta perspectiva nos evangelhos, não devemos deixar que ela seja de-

---

12. Um tratamento sistemático e com todo o rigor exegético se encontra em HAAG, H. Jesus y la realidad del mal. In: *El diablo*, p. 199-246.

13. JEREMIAS, J. La victoria sobre satanás. In: *Teologia del Nuevo Testamento*. Salamanca, 1974, p. 117-119.

senfocada. O centro para Jesus não é tanto a vitória sobre o maligno, mas o anúncio da boa-nova da vontade salvífica de Deus, especialmente para os mais desamparados. As curas, mais que vitórias sobre a dimensão diabólica da vida, são manifestações da presença do Reino, da nova ordem querida por Deus e da inauguração do tempo novo. Por isso os apóstolos são felizes em ver o que muitos profetas e reis haviam desejado ver e não viram (Lc 10,23s; Mt 13,16s). Consequentemente a seus seguidores não começa por exigir-lhes uma renúncia ao demônio, como faziam os monges de Qumran, mas lhes pedia a adesão ao Reino. Em suas exortações não adverte para precaver-se contra forças incontroláveis e diabólicas, mas contra os movimentos do próprio coração que corrompem a vida (cf. Mc 7,15). O que impede o homem de entrar no Reino e de reencontrar o sentido transcendente de sua vida não é tanto o demônio, mas a riqueza (Lc 6,24-25; 12,13.21; 16,13), as preocupações excessivas (Mt 6,19-34), a autocentração em si mesmo (Mc 9,43-48), os juízos duros sobre os demais (Mt 7,1-5), a vontade de poder, de honra e glória (Mc 10,35-45), a piedade inflacionária e estéril (Mc 11,15-19), a credibilidade fácil (Mc 13,5-7) e a tentação de abusar da boa-fé dos outros (Mc 9,42; Mt 18,6; Lc 17,1-3)[14]. A causa principal dos males do mundo reside na insensibilidade, na ausência da solidariedade e na falta de amor. É isso que Jesus critica nos fariseus (Mt 23,23). Estes são os verdadeiros demônios que devemos exorcizar de nossas vidas. Onde isso é alcançado, aí se mostra a vitória da graça de Deus dentro do mundo. Seguir Jesus, tema central dos evangelhos, implica criar

---

14. Cf. HAAG, H. *El diablo*, p. 244.

esta nova mentalidade, verdadeiramente libertadora de um para o outro. "Se Deus é por nós, quem será contra nós" (Rm 8,31)?

4. O derradeiro grito humano: livrai-nos, Pai!

O termo grego usado no Pai-nosso para "livrai-nos" é "rysai". Seu sentido originário não é como no latim *liberare* ou no português livrar ou libertar. A libertação em nosso sentido comum implica a experiência do cativeiro, do estar sob correntes e oprimido. Este significado é também verdadeiro, pois a presença do pecado e do maligno impõem a escravidão à vida humana. Deus se revela verdadeiramente como libertador (Sl 17,1.47; 69,6; 143,2; Dn 6,27); sua ação libertadora é traduzida pela Vulgata de S. Jerônimo com o termo *liberare* (cerca de 200 vezes)[15]; liberta a vida (Pr 14,25), do maligno (Pr 16,8; Mt 6,13), liberta o povo do cativeiro faraônico (Ex 3,8; 14,30; 18,10). Entretanto, o sentido próprio de *ruesthai* é arrancar da iminência de cair no abismo, proteger contra os percalços do caminho e defender contra as ciladas que se armam nas estradas. Como se diz nos salmos: "Preservai-me do laço que me estendem... caiam os ímpios em suas próprias redes e que eu consiga salvar-me" (Sl 141,9-10); "tirai-me do lodo para que não afunde, possa salvar-me do que me odeia, das águas profundas" (Sl 69,15), livrai-me da armadilha do caçador (Sl 91,3).

A experiência subjacente é aquela da vida como um caminho e a aliança com Deus como um andar pelos cami-

---

15. Cf. *Reallexikon für Antike und Christentum*, v. 8, 1972, p. 303, verbete *Freiheit*.

nhos de Deus. Nesta caminhada espreitam os perigos de toda ordem; há abismos ameaçadores, há ciladas dos inimigos e podem ocorrer assaltos. Falando numa linguagem figurada: que faz o maligno? Seu ofício é seduzir, afastar do bom caminho, apontar direções falsas. E o que faz Deus? Deus protege dos perigos, subtrai das emboscadas e indica sempre a direção certa. A Jacó Deus disse: "Estou contigo e proteger-te-ei para onde quer que vás e reconduzir-te-ei a esta terra, pois não te abandonarei antes de fazer o que te prometi" (Gn 28,15). Em Isaías Ele diz: "Eu sou o libertador... que te conduz pelo caminho que deves seguir" (48,17). E o profeta, como que num queixume, interroga a Deus: "Senhor, vós sois nosso Pai, o nosso Libertador desde os tempos imemoriais, por que nos deixais extraviar de vossos caminhos?" (Is 63,16-17). Quais são os caminhos de Deus? É o modo de andar que se orienta pela justiça, pela verdade, pela fraternidade superando as forças do egoísmo e do poder opressor. Como se depreende dos textos acima citados "libertar" se encontra sempre num contexto de caminhada e dos perigos inerentes a ela, caminhada da realização ou da frustração do projeto humano.

Cada geração tem o seu maligno contra o qual deve especialmente se proteger e suplicar o amparo divino. Este maligno corporifica a maldade difusa perpassando a humanidade. Para o nosso tempo o maligno que ofende a Deus e humilha o homem aparece sob a figura do egoísmo coletivo de um sistema social elitista e excludente sem solidariedade com a pobreza das grandes maiorias. Ele possui um nome, o capitalismo da propriedade privada e o capitalismo de Estado. Em nome do lucro, dos privilégios e do fortalecimento dos aparatos de Estado se mantêm os homens aterrorizados, muitos deles presos, torturados e mortos; 2/3 da população são mantidos cativos sob o jugo da legião de demônios da fome, da doença, da desagregação familiar, da falta de moradias, escolas e hospitais. Este maligno possui suas seduções, penetra em surdina nas mentalidades e torna o coração insensível para as iniquidades estruturais que ele produz.

Em seu contexto apocalíptico-escatológico o maligno a que se refere, diretamente, a petição do Pai-nosso faz supor que a humanidade está caminhando para o termo de sua chegada final. Neste derradeiro trajeto irrompem todos os obstáculos, se escancaram todos os abismos e o perigo da defecção do projeto do bem alcança seu paroxismo. Nesta situação angustiante, o fiel e a comunidade gritam: "Pai, livrai-nos do maligno e de todo o mal"! "Assim como não nos deixeis cair em tentação, subtraí-nos também da ação do maligno"! Mas o perigo não estala apenas no termo da história; ele se estrutura já agora; em cada canto ele nos atalaia e nos quer perder. Aí gritamos ao Pai: "Livrai-nos do mal"! "Protegei-nos contra a apostasia da dimensão da bondade. Pai, não permitais que vos abandonemos"!

Se tivermos rezado do fundo do coração, então podemos ficar tranquilos porque foi Ele, Jesus, quem nos garantiu: "Se me pedirdes alguma coisa em meu nome, eu o farei" (Jo 14,14); "coragem, pois eu venci o mundo" (Jo 16,33); "tomai ânimo, levantai a cabeça porque se aproxima a libertação" (Lc 21,28).

XI
Amém

Ó Pai nosso, se estás no céu
– e se santo é teu nome –
por que não é feita tua vontade,
assim na terra como no céu?
Por que não dás a todos
seu pão de cada dia?
Por que não perdoas nossos erros
para esquecermos nossas queixas?
Por que em tentações de ódio ainda
caímos?
Se estás nos céus, ó Pai nosso,
por que não nos livras deste mal
para dizermos, então, Amém?

(Marialzira Perestrello, A prece, em RUAS CALADAS,
Rio de Janeiro 1978, 59)

A oração do Senhor termina como devia terminar: com um grande Amém. A palavra hebraica Amém possui a mesma raiz (*mn*) que as outras palavras hebraicas que significam fé, verdade, segurança, firmeza e confiança. Ter fé, biblicamente, mais que aderir a verdades, implica um confiar-se sereno a um sentido secreto e último da realidade. É poder dizer ao mundo, à vida, à totalidade do que existe Sim e Amém. Por isso que no oposto da fé se encontra o medo e a incapacidade de entregar-se confiadamente a um

Maior. E este Maior, sentido secreto e último, sentido dos Sentidos é decifrado como Deus, Pai de infinita bondade e amor. Amém significa então: Assim seja! Sim, sim, assim deve ser! Com o Amém se quer reforçar, reafirmar e confirmar um pedido, uma oração ou um voto de louvor (cf. Rm 1,25; 11,36; Gl 1,5; Fl 4,20; 1Cor 16,24)[1].

Poder dizer amém é poder confiar e estar seguro e certo de que tudo se encontra nas mãos do Pai; é já ter superado a desconfiança e o medo, apesar de tudo. A oração do Pai-nosso encerra toda a trajetória humana em seu impulso para o céu e em seu enraizamento na terra. Nela se traduz o momento de luz e também o momento de trevas. E para tudo dizemos sim e amém. E só podemos dizer sim e amém ao perigo do mal, às solicitações das tentações, às ofensas recebidas e à busca onerosa do pão porque temos a certeza de que Deus é Pai, estamos consagrados ao seu Nome que é santo, confiamos que seu Reino venha e estamos seguros de que sua vontade se fará assim na terra como no céu.

A oração do Pai-nosso começou na confiança de quem ergue o olhar para o céu donde nos poderá vir a libertação. Após passar pelas opressões humanas, termina novamente na confiança e diz amém. Esta confiança encontra seu fundamento no próprio Jesus que nos ensinou a rezar o Pai-nosso. Ele assumiu todas as contradições de nossa sinistra existência e a libertou totalmente. S. Paulo nos diz com uma intuição precisa: "Ele foi sempre Sim" (2Cor 1,19). Tudo o que Deus prometeu aos homens – e o Pai-nosso elenca as promessas de Deus, aquelas para a vida eterna e aquelas para a vida terrena – "são Sim em Jesus" (2Cor

---

1. Cf. REINIKER, F. Amen. In: *Lexikon zur Bibel*, 1960, p. 67-68.

1,20). S. João diz apoditicamente: Ele é "o Amém" (Ap 3,14)[2]. Se Ele é o Amém que colocamos no término de nossas súplicas, então temos a seguríssima certeza de que seremos sempre ouvidos por Deus. Maior que a certeza de nossas necessidades é a certeza de nossa confiança que sabe: nosso Pai nos atendeu. Amém.

---

2. Para uma exegese destas passagens, SCHLIER, H. Amen. In: *Theologisches Wörterbuch zum Neuen Testament*, I, p. 339-343.

Bibliografia essencial sobre o Pai-nosso

BARTH, K. *Das Vater-unser*. Zurique, 1965.

BOURGOIN, H. Epiousios expliqué par la notion du préfixe vide. In: *Bíblica* 60 (1979), p. 91-96.

BRAUN, F.-M. Le pain dont nous avons besoin (Mt 6,11; Lc 11,3). In: *Nouvelle Revue Théologique*, 110 (1978), p. 559-568.

BROWN, R.E. The Pater Noster as an Eschatological Prayer. In: *Theological Studies* 22 (1961), p. 175-208.

BUSSCHE, K. van den. *Le Notre Père*. Bruxelas, 1960.

CARMIGNAC, J. *Recherches sur le "Notre Père"*. Paris, 1969.

DALMAN, G. *Die Worte Jesu* I. Darmstadt, 1965, p. 283-365.

DÍAZ ALONSO, J. El problema literário del Padre Nuestro. In: *Estudios Bíblicos* 18 (1959), p. 63-75.

DIBELIUS, O. *Das Vater-unser* – Umrisse zu einer Geschichte des Gebets in der alten und mittleren Kirche. Giessen, 1903.

Didaskalia 6 (1976), todo o número da revista dedicado ao Pai-nosso na literatura portuguesa e nos místicos de Portugal.

EBELING, C., *Sulla Preghiera* – Prediche sul Padre Nostro. Brescia, 1973.

GUARDINI, R. *Das Gebet des Herrn*. Mainz, 1934.

GRELOT, P. La quatrième demande du Pater et son arrière-plan sémitique. In: *New Testament Studies* 25 (1979), p. 299-314.

HAMMAN, A. La prière du Seigneur. In: *La Prière* I. Desclée, 1958, p. 94-134.

_____. *Le Pater expliqué par les Pères*. Paris, 1952.

HENSLER, J. *Das Vater-unser* (*NT Abhandlungen* 4/5), 1914.

JEREMIAS, J. *O pai-nosso* – A oração do Senhor. São Paulo, 1976.

_____. *Abba* – Studien zur neutestamentlichen Theologie und Zeitgeschichte. Göttingen, 1966, p. 15-67.

KUSS, O. Das Vater-unser. In: *Auslegung und Verkündigung* II. Regensburg, 1967, p. 277-330.

LOHMEYER, E. *Das Vater-unser*. Zurique, 1952.

LEANEY, R. The Lucan Text of Lord's Prayer. In: *New Testament* 1 (1956), p. 103-111.

LOTZ, J.B. *Wenn ihr heute Vater-unser betet*. Friburgo, 1978.

MANSON, T.W. The Lord's Prayer. In: *Bulletin of the John Rylands Library* 38. Manchester, 1955/1956, p. 99-113; 436-448.

MARCHEL, W. *Abba, Père*. Paris, 1966.

_____. *Abba, Père.* La prière du Christ et des chrétiens. Roma, 1963.

SABOURIN, L. *Il vangelo di Matteo* – Teologia e esegesi. Roma, 1976, p. 425-457.

SCHMIDT, J. *Das Evangelium nach Matthäus* (*Regensburger Neues Testament*, 1). Regensburg, 1965, p. 120-135.

SCHNEIDER, R. Das *Vater-unser*. Friburgo, ⁵1978.

SCHÜRMANN, H. *Das Gebet des Herrn*. Friburgo, 1958.

SCHWARZ, G. Matthäus VI, 9-13/Lukas XI, 2-4. Emendation und Rückübersetzung. In: *New Testament Studies* 15 (1968/1969), p. 233-247.

SOIRON, Th. *Die Bergpredigt Jesu*. Friburgo, 1941, p. 314-370.

VÖGTLE, A. Der "eschatologische" Bezug der Wir-Bitten des Vater-unsers. In: *Jesus und Paulus* (Fest. f. W.G. Kümmel). Göttingen, 1975, p. 344-362.

WULF, F. *Vater-unser im Himmel*. Zurique/Würzburg, 1969.

Livros de Leonardo Boff

1 – *O Evangelho do Cristo Cósmico*. Petrópolis: Vozes, 1971 [Esgotado – Reeditado pela Record (Rio de Janeiro), 2008].

2 – *Jesus Cristo libertador*. 21. ed. Petrópolis: Vozes, 2012.

3 – *Die Kirche als Sakrament im Horizont der Welterfahrung*. Paderborn: Verlag Bonifacius-Druckerei, 1972 [Esgotado].

4 – *A nossa ressurreição na morte*. 11. ed. Petrópolis: Vozes, 2012.

5 – *Vida para além da morte*. 26. ed. Petrópolis: Vozes, 2012.

6 – *O destino do homem e do mundo*. 12. ed. Petrópolis: Vozes, 2012.

7 – *Experimentar Deus*. 2. ed. Petrópolis: Vozes, 2012 [Publicado em 1974 pela Vozes com o título *Atualidade da experiência de Deus* e em 2002 pela Verus com o título atual].

8 – *Os sacramentos da vida e a vida dos sacramentos*. 28. ed. Petrópolis: Vozes, 2012.

9 – *A vida religiosa e a Igreja no processo de libertação*. 2. ed. Petrópolis: Vozes/CNBB, 1975 [Esgotado].

10 – *Graça e experiência humana*. 7. ed. Petrópolis: Vozes, 2012.

11 – *Teologia do cativeiro e da libertação*. Lisboa: Multinova, 1976 [Reeditado pela Vozes, 1998 (6. ed.)].

12 – *Natal*: a humanidade e a jovialidade de nosso Deus. 8. ed. Petrópolis: Vozes, 2009.

13 – *Eclesiogênese* – As comunidades reinventam a Igreja. 3. ed. Petrópolis: Vozes, 1977 [Reeditado pela Record (Rio de Janeiro), 2008].

14 – *Paixão de Cristo, paixão do mundo*. 7. ed. Petrópolis: Vozes, 2012.

15 – *A fé na periferia do mundo*. 5. ed. Petrópolis: Vozes, 1991 [Esgotado].

16 – *Via-sacra da justiça*. 4. ed. Petrópolis: Vozes, 1978 [Esgotado].

17 – *O rosto materno de Deus*. 11. ed. Petrópolis: Vozes, 2012.

18 – *O Pai-nosso* – A oração da libertação integral. 12. ed. Petrópolis: Vozes, 2009.

19 – *Da libertação* – O teológico das libertações sócio-históricas. 4. ed. Petrópolis: Vozes, 1976 [Esgotado].

20 – *O caminhar da Igreja com os oprimidos*. Rio de Janeiro: Codecri, 1980 [Esgotado – Reeditado pela Vozes (Petrópolis), 1998 (2. ed.)].

21 – *A Ave-Maria* – O feminino e o Espírito Santo. 9. ed. Petrópolis: Vozes, 2009.

22 – *Libertar para a comunhão e participação*. Rio de Janeiro: CRB, 1980 [Esgotado].

23 – *Igreja*: carisma e poder. Petrópolis: Vozes, 1981 [Reedição ampliada pela Ática (Rio de Janeiro), 1994 e pela Record (Rio de Janeiro), 2005].

24 – *Crise, oportunidade de crescimento*. Petrópolis: Vozes, 2011 [Publicado em 1981 pela Vozes com o título *Vida segundo o Espírito* e em 2002 pela Verus com o título atual].

25 – *São Francisco de Assis*: ternura e vigor. 13. ed. Petrópolis: Vozes, 2012.

26 – *Via-sacra para quem quer viver*. Petrópolis: Vozes, 2012 [Publicado em 1982 pela Vozes com o título *Via-sacra da ressurreição* e em 2003 pela Verus com o título atual].

27 – *Mestre Eckhart*: a mística do ser e do não ter. Petrópolis: Vozes, 1983 [Reedição sob o título de *O livro da Divina Consolação*. Petrópolis: Vozes, 2006 (6. ed.)].

28 – *Ética e ecoespiritualidade*. Petrópolis: Vozes, 2011 [Publicado em 1984 pela Vozes com o título *Do lugar do pobre* e em 2003 pela Verus com o título atual e com o título *Novas formas da Igreja*: o futuro de um povo a caminho].

29 – *Teologia à escuta do povo*. Petrópolis: Vozes, 1984 [Esgotado].

30 – *A cruz nossa de cada dia*. Petrópolis: Vozes, 2012 [Publicado em 1984 pela Vozes com o título *Como pregar a cruz hoje numa sociedade de crucificados* e em 2004 pela Verus com o título atual].

31 – *Teologia da Libertação no debate atual*. Petrópolis: Vozes, 1985 [Esgotado].

32 – *Francisco de Assis* – homem do paraíso. 4. ed. Petrópolis: Vozes, 1999.

33 – *A Trindade, a sociedade e a libertação*. 5. ed. Petrópolis: Vozes, 2005.

34 – *E a Igreja se fez povo*. Petrópolis: Vozes, 1986 [Reedição pela Verus (Campinas), 2004, sob o título de *Ética e ecoespiritualidade* (2. ed.), e *Novas formas da Igreja*: o futuro de um povo a caminho (2. ed.)].

35 – *Como fazer Teologia da Libertação?* 10. ed. Petrópolis: Vozes, 2010.

36 – *Die befreiende Botschaft*. Friburgo: Herder, 1987.

37 – *A Santíssima Trindade é a melhor comunidade*. 12. ed. Petrópolis: Vozes, 2011.

38 – *Nova evangelização*: a perspectiva dos pobres. 4. ed. Petrópolis: Vozes, 1991 [Esgotado].

39 – *La misión del teólogo en la Iglesia*. Estella: Verbo Divino, 1991.

40 – *Seleção de textos espirituais*. Petrópolis: Vozes, 1991 [Esgotado].

41 – *Seleção de textos militantes*. Petrópolis: Vozes, 1991 [Esgotado].

42 – *Con la libertad del Evangelio*. Madri: Nueva Utopia, 1991.

43 – *América Latina*: da conquista à nova evangelização. São Paulo: Ática, 1992.

44 – *Ecologia, mundialização e espiritualidade*. 2. ed. São Paulo: Ática, 1993 [Reedição pela Record (Rio de Janeiro), 2008].

45 – *Mística e espiritualidade* (com Frei Betto). 4. ed. Rio de Janeiro: Rocco, 1994 [Reedição revista e ampliada pela Garamond (Rio de Janeiro), 2005 (6. ed.) e reedição pela Vozes (Petrópolis), 2010].

46 – *Nova era*: a emergência da consciência planetária. 2. ed. São Paulo: Ática, 1994 [Reedição pela Sextante (Rio de Janeiro), 2003, sob o título de *Civilização planetária*: desafios à sociedade e ao cristianismo].

47 – *Je m'explique*. Paris: Desclée de Brouwer, 1994.

48 – *Ecologia* – Grito da terra, grito dos pobres. 3. ed. São Paulo: Ática, 1995 [Reedição pela Sextante (Rio de Janeiro), 2004].

49 – *Princípio Terra* – A volta à Terra como pátria comum. São Paulo: Ática, 1995 [Esgotado].

50 – (org.) *Igreja*: entre norte e sul. São Paulo: Ática, 1995 [Esgotado].

51 – *A Teologia da Libertação*: balanços e perspectivas (com José Ramos Regidor e Clodovis Boff). São Paulo: Ática, 1996 [Esgotado].

52 – *Brasa sob cinzas*. 5. ed. Rio de Janeiro: Record, 1996.

53 – *A águia e a galinha*: uma metáfora da condição humana. 50. ed. Petrópolis: Vozes, 2012.

54 – *Espírito na saúde* (com Jean-Yves Leloup, Pierre Weil, Roberto Crema). 7. ed. Petrópolis: Vozes, 2007 [Coleção Unipaz].

55 – *Os terapeutas do deserto* – De Fílon de Alexandria e Francisco de Assis a Graf Dürckheim (com Jean-Yves Leloup). 16. ed. Petrópolis: Vozes, 2013 [Coleção Unipaz].

56 – *O despertar da águia*: o dia-bólico e o sim-bólico na construção da realidade. 24. ed. Petrópolis: Vozes, 2013.

57 – *Das Prinzip Mitgefühl* – Texte für eine bessere Zukunft. Friburgo: Herder, 1998.

58 – *Saber cuidar* – Ética do humano, compaixão pela terra. 19. ed. Petrópolis: Vozes, 2013.

59 – *Ética da vida*. 3. ed. Brasília: Letraviva, 1999 [Reedição pela Sextante (Rio de Janeiro), 2005, e pela Record (Rio de Janeiro), 2009].

60 – *A oração de São Francisco*: uma mensagem de paz para o mundo atual. 9. ed. Rio de Janeiro: Sextante, 1999 [Reedição pela Vozes (Petrópolis), 2012 (2. ed.)].

61 – *Depois de 500 anos*: que Brasil queremos? 3. ed. Petrópolis: Vozes, 2003 [Esgotado].

62 – *Voz do arco-íris*. 2. ed. Brasília: Letraviva, 2000 [Reedição pela Sextante (Rio de Janeiro), 2004].

63 – *Tempo de transcendência* – O ser humano como um projeto infinito. 4. ed. Rio de Janeiro: Sextante, 2000 [Reedição pela Vozes (Petrópolis), 2009].

64 – *Ethos mundial* – Consenso mínimo entre os humanos. 2. ed. Brasília: Letraviva, 2000 [Reedição pela Sextante (Rio de Janeiro), 2003 (2. ed.)].

65 – *Espiritualidade* – Um caminho de transformação. 3. ed. Rio de Janeiro: Sextante, 2001.

66 – *Princípio de compaixão e cuidado* (em colaboração com Werner Müller). 4. ed. Petrópolis: Vozes, 2009.

67 – *Globalização*: desafios socioeconômicos, éticos e educativos. 3. ed. Petrópolis: Vozes, 2002 [Esgotado].

68 – *O casamento entre o céu e a terra* – Contos dos povos indígenas do Brasil. Rio de Janeiro: Salamandra, 2001.

69 – *Fundamentalismo*: a globalização e o futuro da humanidade. Rio de Janeiro: Sextante, 2002 [Esgotado].

70 – (com Rose Marie Muraro) *Feminino e masculino*: uma nova consciência para o encontro das diferenças. 5. ed. Rio de Janeiro: Sextante, 2002 [Reedição pela Record (Rio de Janeiro), 2010].

71 – *Do iceberg à arca de Noé*: o nascimento de uma ética planetária. 2. ed. Rio de Janeiro: Garamond, 2002 [Reedição pela Mar de Ideias (Rio de Janeiro), 2010].

72 – (com Marco Antônio Miranda) *Terra América*: imagens. Rio de Janeiro: Sextante, 2003 [Esgotado].

73 – *Ética e moral*: a busca dos fundamentos. 8. ed. Petrópolis: Vozes, 2012.

74 – *O Senhor é meu Pastor*: consolo divino para o desamparo humano. 3. ed. Rio de Janeiro: Sextante, 2004 [Reedição pela Vozes (Petrópolis), 2009 (2. ed.)].

75 – *Responder florindo*. Rio de Janeiro: Garamond, 2004 [Reedição pela Mar de Ideias (Rio de Janeiro), 2012].

76 – *São José*: a personificação do Pai. 2. ed. Campinas: Verus, 2005 [Reedição pela Vozes (Petrópolis), 2012].

77 – *Virtudes para um outro mundo possível* – Vol. I: Hospitalidade: direito e dever de todos. Petrópolis: Vozes, 2005.

78 – *Virtudes para um outro mundo possível* – Vol. II: Convivência, respeito e tolerância. Petrópolis: Vozes, 2006.

79 – *Virtudes para um outro mundo possível* – Vol. III: Comer e beber juntos e viver em paz. Petrópolis: Vozes, 2006.

80 – *A força da ternura* – Pensamentos para um mundo igualitário, solidário, pleno e amoroso. 3. ed. Rio de Janeiro: Sextante, 2006.

81 – *Ovo da esperança*: o sentido da Festa da Páscoa. Rio de Janeiro: Mar de Ideias, 2007.

82 – (com Lúcia Ribeiro) *Masculino, feminino*: experiências vividas. Rio de Janeiro: Record, 2007.

83 – *Sol da esperança* – Natal: histórias, poesias e símbolos. Rio de Janeiro: Mar de Ideias, 2007.

84 – *Homem*: satã ou anjo bom. Rio de Janeiro: Record, 2008.

85 – (com José Roberto Scolforo) *Mundo eucalipto*. Rio de Janeiro: Mar de Ideias, 2008.

86 – *Opção Terra*. Rio de Janeiro: Record, 2009.

87 – *Fundamentalismo, terrorismo, religião e paz*. Petrópolis: Vozes, 2009.

88 – *Meditação da luz*. 2. ed. Petrópolis: Vozes, 2010.

89 – *Cuidar da Terra, proteger a vida*. Rio de Janeiro: Record, 2010.

90 – *Cristianismo*: o mínimo do mínimo. Petrópolis: Vozes, 2011.

91 – *El planeta Tierra*: crisis, falsas soluciones, alternativas. Madri: Nueva Utopia, 2011.

92 – (com Marie Hathaway). *O Tao da Libertação* – Explorando a ecologia da transformação. 2. ed. Petrópolis: Vozes, 2012.

93 – *Sustentabilidade*: O que é – O que não é. Petrópolis: Vozes, 2012.

94 – *Jesus Cristo Libertador*: ensaio de cristologia crítica para o nosso tempo. Petrópolis: Vozes, 2012. [Selo Vozes de Bolso].

95 – *O cuidado necessário*: na vida, na saúde, na educação, na ecologia, na ética e na espiritualidade. Petrópolis: Vozes, 2012.

OBRAS DE
Leonardo Boff

A Águia e a Galinha

Ave Maria – O feminino e o Espírito Santo

O caminhar da Igreja com os oprimidos

Depois de 500 anos que Brasil teremos?

O Despertar da Águia

O destino do homem e do mundo

Ética e Moral – A busca dos fundamentos

São Francisco de Assis: ternura e vigor

Graça e experiência humana

Jesus Cristo Libertador

Natal: a humanidade e a jovialidade de nosso Deus

A nossa ressurreição na morte

Nova evangelização – Perspectiva dos oprimidos

O Pai-Nosso: oração da libertação integral

Paixão de Cristo – Paixão do mundo

– Princípio de compaixão e cuidado

– O rosto materno de Deus

– Saber cuidar

– Os sacramentos da vida e a vida dos sacramentos

– A Santíssima Trindade é a melhor comunidade

– Teologia do cativeiro e da libertação

– A Trindade e a sociedade

– Vida para além da morte

– Virtudes para um outro mundo possível – Vol. I

– Virtudes para um outro mundo possível – Vol. II

– Virtudes para um outro mundo possível – Vol. III

– A oração de São Francisco

– O Senhor é meu Pastor

CULTURAL

Administração – Antropologia – Biografias
Comunicação – Dinâmicas e Jogos
Ecologia e Meio Ambiente – Educação e Pedagogia
Filosofia – História – Letras e Literatura
Obras de referência – Política – Psicologia
Saúde e Nutrição – Serviço Social e Trabalho
Sociologia

CATEQUÉTICO PASTORAL

Catequese – Pastoral
Ensino religioso

REVISTAS

Concilium – Estudos Bíblicos
Grande Sinal
REB – SEDOC

TEOLÓGICO ESPIRITUAL

Biografias – Devocionários – Espiritualidade e Mística
Espiritualidade Mariana – Franciscanismo
Autoconhecimento – Liturgia – Obras de referência
Sagrada Escritura e Livros Apócrifos – Teologia

VOZES NOBILIS

Uma linha editorial especial, com importantes autores, alto valor agregado e qualidade superior.

PRODUTOS SAZONAIS

Folhinha do Sagrado Coração de Jesus
Calendário de Mesa do Sagrado Coração de Jesus
Agenda do Sagrado Coração de Jesus
Almanaque Santo Antônio – Agendinha
Diário Vozes – Meditações para o dia a dia
Guia Litúrgico

VOZES DE BOLSO

Obras clássicas de Ciências Humanas em formato de bolso.

CADASTRE-SE
www.vozes.com.br

EDITORA VOZES LTDA.
Rua Frei Luís, 100 – Centro – Cep 25689-900 – Petrópolis, RJ – Tel.: (24) 2233-9000 – Fax: (24) 2231-4676
E-mail: vendas@vozes.com.br

UNIDADES NO BRASIL: Aparecida, SP – Belo Horizonte, MG – Boa Vista, RR – Brasília, DF – Campinas, SP
Campos dos Goytacazes, RJ – Cuiabá, MT – Curitiba, PR – Florianópolis, SC – Fortaleza, CE – Goiânia, GO
Juiz de Fora, MG – Londrina, PR – Manaus, AM – Natal, RN – Petrópolis, RJ – Porto Alegre, RS – Recife, PE
Rio de Janeiro, RJ – Salvador, BA – São Luís, MA – São Paulo, SP
UNIDADE NO EXTERIOR: Lisboa – Portugal